D1449739

LES FLEURS DE SOLEIL

« *Espaces libres* »

SIMON WIESENTHAL

LES FLEURS
DE SOLEIL

avec les contributions de

Olivier Abel, Lytta Basset,
Christian Delorme, Jacques Duquesne,
Xavier Emmanuelli, Elisabeth de Fontenay,
Alfred Grosser, Georges Hourdin,
Anita Lasker-Wallfisch, Matthieu Ricard,
René-Samuel Sirat, Simone Veil

Albin Michel

Albin Michel
■ *Spiritualités* ■

Collection « Espaces libres »
dirigée par Jean Mouttapa et Marc de Smedt

Pour le texte de Simon Wiesenthal :
Titre original : Die Sonnenblume
© 1969 Opera Mundi
© 1969 Éditions Stock
Pour les autres textes :
© Éditions Albin Michel, SA, 1999 et 2004
22, rue Huyghens, 75014 Paris
www.albin-michel.fr
ISBN 2-226-15190-7
ISSN 1147-3762

NOTE DE L'ÉDITEUR

Lors de sa première publication, *Les Fleurs de soleil* était accompagné d'une série de lettres de divers auteurs, auxquels Simon Wiesenthal avait demandé leur avis sur les questions soulevées par son texte.

Trente ans plus tard, nous avons souhaité soumettre la même demande à des personnalités contemporaines, sans leur imposer aucune contrainte quant à la forme de leurs réponses. Le lecteur trouvera ces contributions à la suite du récit de Simon Wiesenthal.

Qu'est-ce qu'Arthur a donc dit, la nuit dernière ?
Tendu, crispé, j'essaie de me rappeler. C'était quelque
chose de très important. Si seulement je n'étais pas
aussi fatigué ! Je suis sur la grande place où les prisonniers se rassemblent. Ils viennent de la cuisine où
on leur a distribué le « petit déjeuner », un brouet
chaud, noirâtre et amer que le personnel du camp
dénomme présomptueusement café. Il faut l'avaler
en marchant pour ne pas arriver en retard à l'appel.

Je ne suis pas allé chercher le pseudo-café, je ne
veux pas jouer des coudes à travers la bousculade. La
place devant les cuisines est un des terrains de chasse
favoris des nombreux sadiques que la SS a dans ses
rangs. Ils se cachent derrière les baraques pour fondre
comme des oiseaux de proie sur les détenus sans
défense. Tous les jours il y a des blessés à cet
endroit-là. Cela fait partie du programme.

Muets, accablés, nous nous tenons, éparpillés sur
la place, attendant le signal qui nous enjoindra de

nous mettre en rangs. Mais mes pensées sont loin aujourd'hui des dangers qui rôdent presque toujours à nos trousses, elles tournent sans relâche autour de la conversation de la nuit précédente.

Il était déjà tard. Dans l'ombre, on entendait des gémissements et le craquement des planches desséchées quand quelqu'un bougeait. Les visages étaient dissimulés dans une pénombre diffuse. Il fallait connaître les voix pour distinguer les uns des autres ceux qui parlaient.

La veille, deux prisonniers de notre baraque étaient allés dans le ghetto avec la permission du Scharführer. Inexplicable lubie du SS ? Peut-être jointe à quelque petit cadeau discret ? Je n'en savais rien. Probablement une simple lubie – avec quoi un détenu du camp aurait-il pu acheter un Scharführer ?

Et maintenant ils racontaient.

Arthur, accroupi, tendait le cou pour ne pas perdre un mot. On donnait des nouvelles du monde extérieur, de la guerre. Je restais étendu à côté d'eux, sans prendre part à la conversation.

Les habitants du ghetto savaient beaucoup de choses. Nous, dans le camp, nous n'en avions que des bribes, rassemblées tant bien que mal d'après les maigres informations de ceux qui travaillaient la journée au-dehors. Eux-mêmes d'ailleurs en étaient réduits à surprendre ce que disaient les Polonais et les Ukrainiens, vérités et rumeurs mêlées. Souvent les gens leur chuchotaient quelque nouvelle à la dérobée, dans la rue. Souvent aussi par pitié, pour réconforter.

Assez rarement, c'était une bonne nouvelle. Alors, involontairement, on se demandait si elle était exacte, ou si elle n'était destinée qu'à consoler. Les mauvaises, nous les croyions, nous y étions habitués. L'une chassait l'autre, la dernière dépassant la précédente, celle du jour pire que celle de la veille. Celle du lendemain serait plus angoissante encore. Et après ?

L'air poisseux de la baraque semblait avoir une mystérieuse influence sur le fonctionnement du cerveau. Pendant des semaines nous dormions dans les mêmes vêtements imprégnés de sueur que nous portions la journée pour travailler. Beaucoup étaient si épuisés qu'ils n'ôtaient plus leurs souliers. De temps en temps, un hurlement – l'un de nous avait eu un cauchemar, ou frappé le voisin pressé contre lui, dans un réflexe inconscient. La tabatière de la baraque qui avait été autrefois une étable laissait entrer trop peu d'oxygène pour les cent cinquante hommes parqués dans les boxes superposés.

Des hommes appartenant aux classes les plus diverses de la société étaient entassés pêle-mêle, les uns contre les autres, riches et pauvres, érudits et quasi analphabètes, dévots et libres-penseurs, philanthropes et cœurs durs, intelligents et bornés. Tous étaient nivelés, désormais tous étaient égaux. Mais

avec le temps, de petits groupes se cristallisaient
dans le magma amorphe, communautés étroites
d'hommes qui ne se seraient jamais rencontrés dans
d'autres circonstances. On constituait de petits cer-
cles d'amis, on échangeait des places pour être plus
près les uns des autres.

Dans celui auquel j'appartenais, mon vieil ami
Arthur et un certain Josek, arrivé depuis peu dans le
camp, m'étaient les plus chers. Josek était un Juif
profondément religieux. Ni les conditions dans lesquelles nous vivions, ni les provocations directes ou
indirectes n'ébranlaient sa foi – elle pouvait tout au
plus être blessée. Enviable sérénité. Il avait toujours
réponse à tout et cela en un temps où nous cher-
chions tous une réponse et où nous désespérions.
Parfois son calme nous énervait. Arthur surtout, pour
qui l'ironie faisait partie intégrante de la conception
de la vie, réagissait brutalement aux paroles de Josek,
souvent même par des explosions de colère et des
sarcasmes.

En manière de plaisanterie, je l'appelais « Rabbi » ;
il ne l'était pas, il avait été commerçant, un commerçant dont le temps et la liberté, la vie et les loisirs
étaient la foi. Pour lui, l'activité professionnelle était
quelque chose de secondaire. Bien qu'elle lui eût
apporté de brillantes réussites, il n'en parlait presque
jamais. Il savait que l'indigence de notre foi nous
rendait plus indigents encore que nous l'étions déjà.
Il se jugeait tenu de nous donner un peu de sa

richesse pour nous fortifier. Mais à quoi nous servait de savoir que nous n'étions pas les premiers Juifs à être persécutés ? Et nous ne nous sentions nullement consolés quand il fouillait dans son inépuisable trésor d'anecdotes et d'histoires de l'ancien temps pour nous démontrer que la souffrance accompagne tout homme depuis sa naissance.

Dès qu'il parlait, il oubliait totalement ce qui l'entourait, ou alors il l'ignorait de propos délibéré. Nous avions l'impression qu'il ne prenait pas conscience de l'endroit où il se trouvait. Et ce fut même une fois la cause d'une querelle.

C'était un samedi soir. Ce jour-là, nous n'avions travaillé que jusqu'à midi, et nous nous reposions sur nos grabats. La conversation commença par quelques nouvelles que l'un des détenus faisait passer à la ronde et, bien entendu, elles étaient tristes. Josek paraissait lointain. Il ne prenait aucune part à la discussion, ne posait aucune question au narrateur. Mais brusquement, il se souleva, ses yeux s'éclairèrent et il se mit à parler.

« Nos Sages racontent qu'autrefois quatre anges ont servi de parrains à l'homme. Les anges de la miséricorde, de la vérité, de la paix et de la justice. Mais sur le point de savoir si Dieu devait le créer, ils étaient divisés. L'ange de la vérité était le plus hostile. Dieu en fut courroucé et pour le punir l'exila sur la Terre. Mais les autres implorèrent son pardon et le harcelèrent si longtemps qu'il finit par les exaucer et rappela l'ange de la vérité près de lui, au ciel. Celui-ci rapporta une motte de terre qui était imprégnée de ses larmes, les larmes qu'il avait versées parce qu'il était banni du ciel. Et c'est de cette motte que Dieu créa l'homme. »

Arthur commença à s'agiter et l'interrompit : « Josek, je veux bien croire que Dieu a fait un Juif avec cette motte trempée de larmes. Mais tu ne vas pas me dire qu'il a modelé notre commandant de camp, Wilhaus, dans la même matière ?

– Tu oublies Caïn, lança Josek.

– Et toi, tu oublies où tu te trouves. Caïn a tué Abel dans un accès de colère, sous le coup de la passion, mais il ne l'a pas torturé. Il avait des liens personnels avec son frère, nous, nous sommes étrangers aux sbires de la SS. »

Josek se mit en colère, mais Arthur s'énervait aussi. Voyant qu'il avait blessé le « Rabbi » au plus profond de ses croyances, je m'interposai :

« Arthur, tu oublies mille ans d'évolution, ce qu'on appelle le progrès. » Je voulais diminuer l'âpreté de la discussion en lui donnant un ton satirique.

Mais si tous deux rirent, ce fut avec amertume – dans le temps où nous vivions, ces mots-là n'avaient pas leur place.

La question d'Arthur n'était pas injustifiée. Etions-nous vraiment tous faits de la même matière ? Si oui, alors pourquoi les uns étaient-ils assassins et les autres victimes ? Il n'y avait en effet aucun lien personnel entre notre commandant de camp, Wilhaus, et un Juif martyrisé.

Hier soir, j'étais étendu à demi endormi, sur mon grabat, le dos endolori par les planches. Comme engourdi, j'entendais les voix qui frappaient mon oreille, surgies de l'irréel environnement. Je ne sais plus si j'avais compris grand-chose à l'entretien. Il avait été question de nouvelles données par la BBC – ou la radio de Moscou.

Soudain Arthur se tourna vers moi, me prit par l'épaule et me secoua.

« Simon, tu entends ?

– Oui, bredouillai-je, oui, j'entends.

– J'espère que tes oreilles sont ouvertes parce que tes yeux sont à moitié fermés. Et il faut absolument que tu saches ce que cette vieille femme a dit.

– Quelle vieille femme ? Je croyais que vous parliez de ce que vous aviez entendu à la BBC ?

– Ah, ça – c'était avant. Tu t'es réveillé un peu tard. Une vieille femme a dit...

– Qu'est-ce qu'une vieille femme peut dire ? Est-ce qu'elle sait quand nous sortirons d'ici ? Ou quand on nous achèvera ?

– Non, à ces questions-là personne ne peut répondre. Mais elle a dit autre chose, une chose à laquelle nous devrions peut-être penser en ce moment. Elle croit que Dieu est parti en congé. » Arthur ménagea un petit silence, comme pour laisser

les mots faire leur effet. « Qu'est-ce que tu en penses,
Simon ? demanda-t-il enfin.

– Laisse-moi dormir, lui répliquai-je. Tu me réveil-
leras quand Il sera revenu. »

Pour la première fois depuis que nous vivions dans
cette écurie, j'ai entendu rire mon ami – ou alors
est-ce que je l'ai seulement rêvé ?

Nous sommes toujours sur la place de l'appel.

Apparemment, il y a un retard, ce qui me donne
le temps de demander à Arthur ce qui était rêve et
ce qui était réalité.

« Arthur, de quoi avons-nous parlé hier ? De
Dieu ? De Dieu en congé ?

– Josek est allé hier dans le ghetto, il a demandé
des nouvelles à une vieille femme. Mais elle s'est
contentée de lever les yeux au ciel et de dire avec
beaucoup de conviction : "Oh Dieu Tout-Puissant,
reviens de ton congé et regarde ce qui se passe sur
la Terre !" Josek l'a bien entendue et il ne s'est même
pas indigné.

– Et c'est une nouveauté, que nous vivons dans
un monde que Dieu a abandonné ? »

Je connais Arthur depuis des années. Déjà, du
temps où je faisais mes débuts de jeune architecte,
il était à la fois un conseiller et un ami pour moi.
Nous étions comme des frères, lui l'avoué et l'écri-
vain, avec ce petit sourire lumineux au coin des lèvres
qui semble ne jamais l'abandonner, et moi qui

m'habitue lentement à l'idée que je ne construirai plus jamais de maisons dans lesquelles on pourrait vivre libre et heureux. Son esprit n'est pas brisé, le mien non plus je crois. Et pourtant nos pensées suivent des voies différentes. J'ai souvent l'impression, tandis qu'il est assis auprès de moi, qu'il ne prend pas conscience de ce qui l'entoure, mais bien entendu tout autrement que Josek. Il vit déjà dans un autre monde, il voit des choses qui se passeront peut-être dans les années à venir. Il ne croit certainement pas que nous sortirons vivants de l'épreuve. Mais dans son for intérieur, il est convaincu que les autres – les seuls auxquels il peut penser à cet égard, les Allemands – ne s'en sortiront pas non plus en fin de compte. Ils réussiront peut-être à nous massacrer, nous et des millions d'autres innocents, mais eux aussi finiront par succomber.

Je vis davantage dans le présent : la faim, la fatigue, le souci de mes proches, l'avilissement... surtout l'avilissement.

J'ai lu quelque part que l'on ne peut pas briser les croyances profondes d'un homme. Si je l'ai jamais cru, j'ai bien changé d'avis. Josek est certainement une exception. On peut peut-être se réfugier dans la pensée d'un monde à venir dont on espère qu'il sera meilleur – même si l'on ne croit pas y avoir une place. Mais on ne peut pas affronter debout un milieu qui a cessé de considérer l'homme comme un homme, un milieu qui a les moyens de « prouver »

que l'on n'est plus un homme. Alors on commence
à douter, on commence à... cesser, cesser de croire à
un ordre planétaire dans lequel Dieu a une place
déterminée.

Et l'on commence à croire que Dieu est en congé.
J'ai cette impression depuis longtemps. Sinon, ce
qui se passe autour de nous n'aurait pas été possible.
Il doit être parti – dans l'infini du Tout. Et il n'a
pas de remplaçant. Les paroles de la vieille femme
ne me frappent pas. Elles ne font qu'exprimer ce qui
était déjà presque une évidence pour moi.

Nous étions revenus depuis huit jours déjà dans
ce camp. Un soir, on nous avait retirés du kommando
qui travaillait à la gare de l'Est – pour une journée
seulement, pour de nouvelles inscriptions, d'après ce
qu'on nous disait. Ou, peut-être d'après les pessi-
mistes d'entre nous, pour nous envoyer faire d'autres
travaux encore plus durs. Au reste, chacune de ces
nouvelles inscriptions recelait des dangers que l'on
n'aurait jamais soupçonnés dans la vie normale. Plus
on nous inscrivait, plus notre nombre diminuait.
Dans la langue de la SS, inscrire ne signifiait pas
seulement établir un état des effectifs, le sens était
beaucoup plus riche : épurer, passer au peigne fin,
regrouper, mettre à part ceux qui n'étaient plus absolument nécessaires, éloigner – la plupart du temps
jusque dans la mort. Une expérience amère et immé-
diate nous avait appris à nous méfier des mots et des

notions qui paraissaient les plus inoffensifs, car jamais plus aucun dessein à notre endroit n'était inoffensif. Tout avait un relent de tromperie et tout était tromperie en effet.

Deux cents d'entre nous environ avaient été employés aux travaux du chemin de fer et tous les jours nous nous réunissions sur la place de l'appel, espérant voir arriver quelqu'un de la garde des voies qui viendrait nous chercher. Ce n'est pas que le travail y était particulièrement facile, mais nous pouvions nous mouvoir avec une certaine liberté sur le chantier et nous n'étions pas obligés de revenir le soir au camp. La nourriture en venait, c'était tout dire, mais la surveillance était uniquement assurée par la police des voies et nous étions ainsi soustraits, au moins pendant un certain temps, à l'humeur imprévisible des gardes du camp, tous recrutés dans la SS. Nombre de contremaîtres veillaient d'ailleurs à ce que les tâches ne fussent jamais ennuyeuses. Une grande partie d'entre eux ainsi que des ouvriers étaient considérés comme éléments de deuxième classe par les Allemands ; seuls les Allemands de race étaient mieux traités. Les autres, c'est-à-dire l'énorme majorité composée de Polonais et d'Ukrainiens, constituaient une manière d'échelon intermédiaire entre la race qui se disait des Seigneurs et les Juifs ravalés à un niveau sub-humain. Ils s'en rendaient d'ailleurs très bien compte et tremblaient à la pensée du jour où il n'y aurait plus de Juifs, du jour où ils

seraient à leur tour happés et broyés dans les rouages
de l'anéantissement. Beaucoup réagissaient à leur
angoisse en essayant d'être plus allemands que beaucoup d'Allemands.

Mais même parmi eux quelques-uns avaient pitié
de nous. Souvent, ils nous glissaient un morceau de
pain à la dérobée et veillaient à ce que nous ne
fussions pas trop écrasés de travail.

Au nombre de ceux qui dépassaient les normes de
cruauté, il y avait un certain Delosch, vieil ivrogne qui
passait à rosser les prisonniers tout le temps qu'il ne
consacrait pas à la boisson. Souvent le groupe qu'il
surveillait lui donnait un peu d'argent pour acheter
du schnaps. Souvent aussi l'un de nous essayait
d'attendrir son âme d'ivrogne, aisément influençable,
en lui dépeignant le destin des Juifs ; mais pour y
réussir, il fallait qu'il eût absorbé une quantité suf-
fisante d'alcool. Ses chicaneries dans le travail étaient
aussi connues que ses « bons mots ». Quand quelqu'un lui disait avoir reçu du ghetto la nouvelle que
toute sa famille avait été exterminée, Delosch répondait invariablement : « A l'enterrement du dernier Juif
de Lemberg, il en viendra encore mille. » Nous entendions cela plusieurs fois par jour et il était extrême-
ment fier de ce trait d'esprit.

Pourtant nous souhaitions ardemment aller travailler sur ce chantier.

Tandis que les divers groupes se formaient, nous
nous résignions à rester sur place. C'était le plus dur.

On construisait sans arrêt dans le camp ; on pouvait être désigné pour aller piocher le jardin, ou menuiser dans quelque atelier, ou vider les latrines – mais tout cela était plein de dangers, plus encore que la vie « normale » d'un Juif à cette époque. Dans le camp, il y avait tous les jours des morts, les détenus étaient pendus, piétinés sous les lourdes bottes SS, déchirés par les chiens. Ils étaient jetés à terre, battus, avilis – et nombre d'entre eux, qui ne pouvaient plus supporter tout cela, mettaient volontairement fin à leur existence. Les suicidés perdaient peut-être quelques jours, quelques semaines ou quelques mois, mais ils évitaient d'innombrables tortures.

Rester au camp signifiait être surveillé non pas seulement par un garde SS, mais par un grand nombre d'entre eux. En effet, poussés par le désœuvrement, il n'était pas rare qu'ils errent d'un atelier à un autre pour rosser les détenus selon la méthode favorite qu'ils avaient mise au point, ou les dénoncer au commandant pour quelque prétendu sabotage, ce qui entraînait inévitablement une lourde punition. Quand un garde SS assurait que vous n'aviez pas travaillé, il avait toujours raison, même si l'on pouvait montrer ce qu'on avait fait. Parce qu'un membre de la SS avait toujours raison.

Les affectations aux kommandos extérieurs sont déjà presque terminées et ceux qui travaillaient à la gare de l'Est restent la tête basse. Apparemment on n'a plus besoin de nous et nous serons obligés de rester au camp. Mais soudain, un chef de brigade s'approche de notre groupe et compte une cinquantaine d'hommes. Je me trouve parmi les désignés. Arthur reste. Par files de trois, nous franchissons la porte intérieure et aussitôt six « askaris » nous prennent en charge. Il s'agissait de Russes – déserteurs ou prisonniers – qui s'étaient engagés pour faire ce travail sous les ordres des Allemands.

Le terme d'askari, qui provient de la guerre d'Abyssinie, s'appliquait à l'origine aux troupes coloniales indigènes de l'armée italienne. C'est aussi le nom que la SS donnait à ses auxiliaires russes, pour des raisons qui n'ont jamais été éclaircies. Utilisés à des besognes subalternes par les forces de surveillance, ils ne savaient que trop bien ce que les Allemands attendaient d'eux, ce qu'ils exigeaient d'eux, et l'écrasante majorité s'employait à ne pas les décevoir. Seule la vénalité tempérait quelque peu leur dureté. Les kapos des camps et les contremaîtres étaient en assez bons termes avec eux et leur procuraient cigarettes ou schnaps pour les travaux à l'extérieur. On pouvait alors souffler un peu dans une équipe qui se trouvait sous leurs ordres.

Au reste, les askaris se souciaient surtout d'une chose : faire chanter. La musique tenait une place éminente dans le camp.

Il y avait même un orchestre dont les membres – tous sans exception internés – avaient été les meilleurs musiciens de Lemberg et de sa région. Le SS

Untersturmführer Richard Rokita, autrefois violo-
niste dans un café silésien, était absolument entiché
de « son » orchestre. Lui qui égorgeait tous les jours
des prisonniers par goût du meurtre, il n'avait en
dehors de cela qu'une fierté : l'orchestre ! Il logeait
les musiciens à part et les dorlotait presque, mais ils
ne pouvaient cependant pas quitter le camp, eux non
plus. Le soir, ils jouaient du Bach, du Grieg ou du
Wagner aux membres de la SS. Un jour, Rokita
amena un compositeur de chansons, Zygmunt
Schlechter, et lui ordonna de composer un « Tango
de la Mort ». Après quoi l'orchestre le joua de temps
en temps. L'inhumain sadique l'écoutait les larmes
aux yeux.

Le matin de bonne heure, les musiciens jouaient
quand les prisonniers quittaient le camp pour se
rendre au travail, les gardes veillant avec une attention minutieuse à ce que tout le monde marchât bien
en mesure. Ensuite, une fois la porte franchie, nous
commencions à chanter.

Il existait un genre assez bien défini de répertoire
pour la circonstance, fait de nostalgie, d'humour noir
et de quelques mots orduriers, afin de se donner du
cœur au ventre, le tout chanté sur un air connu,
mélange hétéroclite de russe, de polonais et d'allemand. C'étaient surtout les grossièretés qui corres-
pondaient à la mentalité des askaris. Continuellement, ils réclamaient l'une ou l'autre de ces chansons. Alors un large sourire leur fendait le visage

d'une oreille à l'autre et leurs traits perdaient un peu de la dureté à laquelle nous étions habitués.

La porte extérieure franchie, nous respirions un peu mieux – être hors des barbelés suffisait à nous faire trouver l'air plus frais, les hommes et les maisons ne nous apparaissaient plus au travers du réseau des chevaux de frise, en partie masqués par les miradors.

Les passants s'arrêtaient souvent pour nous dévisager avec curiosité, mais plus d'une main qui aurait voulu nous faire signe retombait, inerte. On avait peur qu'un garde SS surprît ce geste d'amitié, ce qui aurait pu être dangereux.

La circulation semblait ignorer la guerre. Le front était loin, après tout, à plus de mille kilomètres de Lemberg et seuls quelques rares soldats rappelaient que l'on ne vivait pas en temps de paix. De temps en temps, un camion vert de la Wehrmacht nous dépassait.

Un des askaris se met à chanter et nous reprenons en chœur bien que nous n'en ayons guère envie. Parmi les badauds arrêtés au bord de la route, les femmes détournent la tête, gênées, quand elles entendent les mots orduriers – ce qui amuse beaucoup les gardes évidemment. L'un d'entre eux se détache des rangs et court jusqu'au trottoir. Il aborde une jeune fille. Nous ne pouvons pas entendre ce qu'il dit, mais nous nous en doutons bien. Elle rougit et hâte le pas.

Nos yeux scrutent la foule, à la recherche de visages connus. Mais beaucoup d'entre nous fixent obstinément le sol devant eux, ils ne veulent ni voir ni rencontrer des connaissances dans l'état où ils sont.

Dans le regard des passants, on peut lire que nous sommes déjà rayés du compte des vivants. Les gens de Lemberg s'étaient parfaitement habitués au spectacle des Juifs martyrisés. Ils nous considéraient avec l'attention qu'ils auraient accordée en temps normal à un troupeau de bœufs menés au pré – ou à l'abattoir. Dans ces instants, j'ai souvent eu l'impression que le monde entier s'était ligué contre nous et acceptait notre destin sans protester, sans même éprouver la moindre émotion.

Je détourne les yeux. Non, je ne veux plus regarder dans leur direction. Je n'ai pas besoin de cette expression de pitié, surtout pas de cette sympathie hypocrite. Est-ce qu'ils sont encore capables d'un sentiment sincère ? Est-ce que je me trompe en pensant que beaucoup d'entre eux se disent : heureusement, il y a encore des Juifs ; tant qu'ils sont là nous sommes tranquilles, les nazis ont assez à faire avec eux ?

Je me rappelle un incident qui a eu lieu quelques jours auparavant, non loin de là. Au moment où nous rentrions au camp, un homme passa que j'avais connu autrefois, un ingénieur polonais qui avait fait ses études avec moi. Peut-être eut-il peur de m'adresser un signe de la main. Il se contenta d'un clin d'œil, mais je lisais dans son regard l'étonnement de me voir encore en vie. Pour lui et pour les autres, nous étions tous comme morts, nous n'existions plus. Chacun d'entre nous semblait porter un bulletin de décès sur lequel il ne manquait plus que la date.

A un croisement, notre colonne s'arrête soudain.

J'essaie de découvrir la raison, je regarde entre les têtes de ceux qui me précèdent, mais je ne vois rien. Peut-être quelque véhicule qui coupe notre route. De toute manière cela n'a aucune importance. Et puis je remarque sur la gauche, le long de la route, un cimetière militaire. Là aussi il y a un réseau de barbelés, mais il n'est pas haut. Les fils sont tendus à travers des buissons et des arbrisseaux clairsemés, mais entre les branches on distingue nettement les tombes. Ces petits tertres sont disposés en ligne droite, tirée au cordeau.

Et, raide comme un soldat au garde-à-vous, un soleil se dresse sur chacun d'eux.

Je regarde ces fleurs, hypnotisé. Les têtes énormes semblent recueillir les rayons de lumière comme des miroirs et les conduire dans l'obscurité des tombes. Mon regard glisse de la fleur à la sépulture. Et voilà que la tige semble s'enfoncer dans la terre, pénétrer dans la fosse et soudain je n'ai plus devant moi un soleil ni un cimetière, mais un périscope qui apporte la lumière dans les ténèbres. Des papillons bariolés volent de corolle en corolle, se posent un instant, rassemblent leurs ailes et repartent un peu plus loin. J'observe leur manège. Ne portent-ils pas des messages d'une tombe à l'autre ? Ne chuchotent-ils pas à la fleur quelque chose qu'elle transmet ? Oui, sûrement, c'est ainsi que les morts reçoivent lumière et messages.

Et brusquement, j'envie les soldats morts. Je leur envie ces fleurs de soleil qui les relient mystérieusement au monde. Je leur envie ces papillons qui visitent leurs tombes. Moi, aucune fleur de soleil ne m'attend. Je finirai dans une fosse commune à peine refermée, jeté sur un amas de cadavres, et d'autres s'empileront sur moi.

Jamais aucune fleur de soleil n'apportera la lumière dans ces ténèbres-là et les papillons éviteront l'endroit.

Je ne sais combien de temps nous sommes restés ainsi arrêtés. Derrière moi, un homme m'a donné une bourrade au moment où la colonne s'est remise en marche et mes pieds ont alors repris le rythme de leurs mouvements, mais ma tête restait toujours tournée vers la gauche, vers les soleils. Il y en avait des centaines, peut-être des milliers. Qui pouvait les compter, qui pouvait les distinguer les uns des autres ?

Mais ceux qui étaient enterrés à leur pied n'avaient pas perdu contact avec le monde, ils gardaient un

lien direct avec la lumière, avec la vie. Même après
leur mort, ils nous étaient encore supérieurs...

En réalité, j'avais rarement pensé à la mort. Je
savais qu'elle était inévitable, qu'elle m'attendait tôt
ou tard, et je m'étais peu à peu habitué à cette pensée.
Jamais je ne m'étais demandé quelle forme elle pren-
drait. Il y avait trop de possibilités et trop d'occasions. J'espérais seulement qu'elle serait rapide. Pour
le reste je m'en remettais au destin.

Cependant, la vue des soleils a éveillé en moi des
pensées nouvelles. J'ai eu l'impression que je n'en
avais pas fini avec eux, qu'ils étaient un symbole qui
aurait un sens pour moi.

Nous arrivions alors aux maisons de la rue
Janowska, nous avions laissé le cimetière derrière
nous. Je me suis retourné une fois encore. J'ai vu
une forêt de soleils.

Nous ne savions toujours pas où l'on nous condui-
sait. Mon voisin m'a chuchoté : « Ils ont peut-être
ouvert un nouveau chantier dans le ghetto. »

Possible. On racontait qu'il y en avait de plus
en plus. Sans cesse de nouvelles firmes allemandes
venaient se réfugier à Lemberg. Il ne s'agissait plus
tellement pour elles de gagner de l'argent. L'essentiel
était que, par ce procédé, elles gardaient leur personnel et lui évitaient d'être enrôlé dans l'armée. Or
la chose était relativement facile dans ce tranquille
Lemberg, si loin du front. La plupart de ces entreprises amenaient tout juste du Reich du papier à en-

tête, un tampon, quelques contremaîtres et fort peu de matériel. Peu auparavant, la ville était encore aux mains des Russes. Bien entendu, ceux-ci avaient aussitôt nationalisé la plupart des entreprises de construction dont beaucoup appartenaient à des Juifs. Lorsqu'ils s'étaient enfuis, ils n'avaient évidemment pu emporter ni les machines ni les outils. Et c'était ce matériel, rassemblé dans un « camp de butin », que se partageaient désormais les maisons allemandes nouvellement établies sur place. Elles n'avaient aucun souci à se faire non plus pour la main-d'œuvre. Tant qu'il y avait des Juifs, elles étaient assurées d'en disposer à bon marché, presque gratuitement. Seulement, leurs fabrications devaient être reconnues utiles à l'effort de guerre, d'où bien sûr un rôle de première importance pour les protections et les pots-de-vin. Ceux qui avaient le bras assez long obtenaient l'autorisation de créer des filiales en territoire occupé et d'embaucher des centaines de Juifs à bas prix, sans compter les stocks de machines dans lesquels ils pouvaient puiser. Le personnel amené d'Allemagne n'était pas incorporé et évitait ainsi le service sur le front. Des logements étaient mis à la disposition des nouveaux arrivés dans le quartier allemand de Lemberg, de très beaux logements que les Polonais et les Juifs fortunés avaient dû abandonner pour faire place à la race des Seigneurs.

En réalité, les Juifs pouvaient se réjouir que ces firmes allemandes se replient vers les arrières pour

mettre leur personnel à l'abri de l'appel sous les dra-
peaux. Le travail n'était pas particulièrement dur
dans ces « kommandos extérieurs » et la plupart des
chefs d'entreprise se battaient même pour garder
« leurs » Juifs, car sans cette main-d'œuvre ils
auraient été obligés de se déplacer plus loin vers l'est,
donc vers le front.

Tout autour de moi, j'entends la question chu-
chotée : « Où allons-nous donc ? » Est-ce que nous
allons, ou est-ce que les pieds nous portent, simplement ? Aller, cela signifie se diriger vers un but que
le cerveau a déterminé. Mais notre cerveau n'a rien
décidé du tout. Les pieds nous portent, imitant celui
qui nous précède. Ils s'arrêtent quand il s'arrête, se
remettent en mouvement quand il se remet en
mouvement.

Notre colonne s'arrête encore, cette fois à l'entrée
de la rue Grodezka. Nous allons bientôt être fixés :
si l'on nous conduit vers la gauche, c'est la direction
du ghetto, si l'on nous conduit vers la droite – alors
là les possibilités sont nombreuses.

On nous fait obliquer à droite. Combien de fois
ai-je flâné le long de cette rue Grodezka lorsque
j'étais étudiant, puis ensuite architecte. J'ai même
habité une de ses maisons pendant un certain temps
avec un confrère de Przemysl.

Il n'est pas encore huit heures et déjà l'animation
est grande. Un tramway vétuste se hâte dans un
grand bruit de ferraille, les roues usées brimbalant

dans les rails disjoints. Des paysans marchent pesamment, venus à la ville pour faire des échanges de marchandises, parce que maintenant, ils n'ont plus confiance dans l'argent. Réflexe immanquable dans les temps de guerre et de crise. Notre colonne ne produit pas la moindre impression sur eux.

Nous continuons à avancer. Toujours, des passants de plus en plus nombreux pour nous dévisager. Les askaris, enroués à force de chanter, ont décrété une pause. Des soldats débouchant de la gare avec leur paquetage enfilent la rue Grodezka. Des hommes de la SS nous croisent, nous toisant d'un œil méprisant, haineux. Notre aspect déguenillé et nos silhouettes efflanquées provoquent pour toute réaction un rire sarcastique. Un commandant de la Wehrmacht s'immobilise pour nous regarder. Un appareil photographique pend à une courroie autour de son cou, mais il ne peut pas se décider à prendre des clichés de notre colonne. Cela se voit à ce qu'il fait passer l'appareil de droite à gauche, puis le laisse pendre de nouveau. Peut-être craint-il de provoquer la colère des SS.

Déjà la silhouette de l'église en brique rouge et pierre blanche se dresse à l'extrémité de la rue. Maintenant, il faut que l'askari de tête se décide. A droite, on descend vers la gare ; à gauche, c'est la rue Sapiehy à l'extrémité de laquelle il y a une effroyable prison, la célèbre Loncki.

Nous obliquons vers la gauche.

Ce chemin-là, je le connais bien, c'est dans cette rue que se trouve l'école technique supérieure de Lemberg. Pendant des années je l'ai parcourue dans les deux sens, du temps où j'étais revenu de Prague pour me préparer au diplôme polonais.

Pour les étudiants juifs, la rue Sapiehy était vraiment celle du destin. Peu de familles juives vivaient dans ce quartier, aussi lors des périodes troublées, leurs coreligionnaires l'évitaient-ils soigneusement. Elle était habitée par des Polonais – officiers de carrière, membres de professions libérales, industriels, fonctionnaires – dont les fils formaient la « jeunesse dorée » de Lemberg. Les étudiants juifs jugeaient le qualificatif des plus inexacts.

Les élèves de l'école supérieure technique et de l'école supérieure d'agronomie étaient recrutés dans ses rangs et comptaient de nombreux antisémites forcenés, toujours à l'affût de coups à donner. Souvent des Juifs tombaient dans la rue Sapiehy, blessés par ces étudiants. Ils avaient monté des rasoirs à l'extrémité de leurs cannes et attaquaient leurs « condisciples » juifs avec ces armes. Nombreux étaient les jours où ceux qui avaient le type sémite risquaient gros à s'aventurer dans les parages une fois le soir tombé : les jours où la jeunesse nationale-démocrate, ou ONR (le parti nationaliste extrémiste) faisait passer ses maximes antisémites de la théorie à la pratique. La police se montrait rarement en pareille occasion.

Il est incroyable qu'à une époque où Hitler prenait le pouvoir en Allemagne, où les Allemands se tenaient puissamment armés à la frontière ouest de la Pologne, où il était évident que l'appétit dévorant du Führer devait provoquer une guerre avec cette dernière, les « patriotes polonais », jeunes et vieux, n'aient eu qu'une idée en tête : les Juifs et la haine qu'ils éprouvaient à leur égard. Dans le Reich, on construisait jour après jour de nouvelles usines, le potentiel de guerre prenait des proportions gigantesques, des routes stratégiques se multipliaient en direction de la Pologne, le service militaire gonflait les effectifs de la Wehrmacht, mais de tout cela, le Parlement polonais ne se souciait nullement, il avait plus important à faire. Il discutait une interdiction d'égorger destinée à rendre plus difficile l'approvisionnement des Juifs en viande kascher.

Ces débats étaient la plupart du temps suivis par des batailles de rue, car l'intelligence juive était un sujet d'exaspération perpétuelle pour les antisémites.

Deux ans avant la guerre, ces éléments extrémistes firent une nouvelle trouvaille : le jour sans Juifs. Son but était de maintenir le nombre des universitaires juifs à un niveau très bas, d'entraver le plus possible leurs études et de les empêcher de passer leurs examens. Certains jours, une meute recrutée dans les rangs des organisations de jeunesse montait la garde devant les portes des écoles supérieures, portant des pancartes sur lesquelles on pouvait lire le slogan

« Jour sans Juifs ». La date en était fixée par les étudiants qui la faisaient bien entendu toujours coïncider avec celle d'un examen. Il s'agissait en somme d'une « fête mobile ». L'école technique supérieure jouissait du privilège d'exterritorialité et la police ne pouvait donc y pénétrer qu'à la demande expresse du recteur. Mais en général, il n'était qu'un jouet entre les mains des ultras qui ne représentaient certainement pas plus de 20 % du total. Mais là comme presque partout ailleurs, une minorité dominait sur la lâcheté et la passivité de la majorité. La grande masse des étudiants ne songeait pas un instant à se battre pour les Juifs, ni même pour l'ordre et la justice. Elle ne voulait pas s'exposer, elle était sans volonté, occupée de ses propres affaires et totalement indifférente au sort des Juifs parmi elle.

La situation était à peu près la même chez les professeurs. Une partie d'entre eux étaient d'authentiques antisémites, mais même auprès des autres les étudiants juifs n'avaient guère de chances d'obtenir une nouvelle date pour leurs examens quand les provocateurs les avaient empêchés de les passer. Pour ceux qui étaient de condition modeste, la perte d'un semestre signifiait irrévocablement l'arrêt de leurs études. Ils étaient donc obligés de se risquer dans l'antre de l'ennemi ces jours de fête antisémite. La situation avait quelque chose de grotesque. Dans les rues avoisinant l'école, des ambulances attendaient patiemment. Elles étaient assurées de ne pas chômer.

La police attendait aussi, pour empêcher que les violences se poursuivent en dehors de l'université. De temps en temps des trublions étaient arrêtés et traduits en justice. Ils quittaient la prison au bout de quelques semaines ou de quelques mois, en héros de la cause nationale. A partir de ce moment, ils portaient fièrement à leur revers un insigne représentant une grille de prison. Admirés et respectés par leurs pairs, ils jouissaient aussi de privilèges auprès de nombreux professeurs. Il n'était bien entendu pas question de leur interdire les locaux universitaires.

Ces souvenirs me traversent l'esprit tandis que je passe devant les maisons si familières sous la surveillance des askaris. Mes yeux errent à travers le flot des passants. Peut-être vais-je retrouver l'un ou l'autre de mes anciens condisciples parmi eux. Je les reconnaîtrai aussitôt – quand ils voyaient quelqu'un qu'ils pouvaient considérer comme Juif, leur visage prenait une expression haineuse, leurs yeux se réduisaient à deux fentes étroites, les coins de leur bouche s'abaissaient dédaigneusement. J'ai vu cette mimique trop souvent dans mes années de jeunesse pour ne jamais l'oublier.

Où peuvent-ils bien être ces superpatriotes qui avaient toujours rêvé d'une « Pologne sans Juifs » ? Le jour n'est pas éloigné où ce but sera atteint. Cette partie du moins de leur rêve est à portée de la main. Seulement, il n'y a plus de Pologne non plus.

Nous nous arrêtons devant l'école supérieure technique. Tout est resté comme autrefois. Le bâtiment principal en style néoclassique, brun et jaune, est un peu en retrait de la rue, entouré d'un mur bas surmonté d'une haute grille de fer. Combien de fois l'ai-je longée dans le temps, au moment des examens, observant entre les barreaux les extrémistes qui attendaient leurs victimes, armés de grosses cannes ! Oui, exactement là, au-dessus de la grande porte d'entrée, une banderole flottait dans le vent en proclamant : « Jour sans Juifs ». Et depuis la porte jusqu'à l'entrée du bâtiment les étudiants formaient la haie à travers le jardin, une haie hérissée de gourdins et qui scrutait d'un œil méfiant tous ceux qui voulaient entrer.

Je me retrouve aujourd'hui devant cette porte. Il n'y a plus de banderole, ni étudiants pour faire passer tous les Juifs sous leurs fourches caudines. Je ne vois que quelques soldats allemands qui montent la garde et sur le bâtiment un écriteau : « Hôpital militaire complémentaire ». Un SS du camp échange quelques mots avec un soldat de garde, puis la porte s'ouvre et nous pénétrons dans le jardin.

Nous longeons les pelouses bien entretenues, pivotons sur la gauche devant l'entrée principale, contournons le bâtiment et arrivons dans la cour. Elle est noyée dans une ombre épaisse. Des ambulances vont et viennent ; deux ou trois fois nous sommes obligés de nous arrêter pour les laisser passer.

Puis un sergent infirmier nous prend en charge et se met en devoir de nous diviser par groupes.

J'éprouve une impression bizarre, tout me paraît insolite bien que j'aie passé là des années. J'essaie de me rappeler si je me suis déjà trouvé dans cette cour autrefois. Mais que serais-je venu y chercher ? Nous nous estimions déjà heureux d'avoir pu arriver sains et saufs dans le bâtiment.

De grandes cuves de ciment sont disposées le long des murs de la cour, remplies jusqu'au bord de pansements ensanglantés. Sacs, caisses vides et autres emballages jonchent le sol. Un groupe de nos camarades est occupé à charger le contenu de ces cuves dans deux camions. Quelques-uns montent sur les véhicules pour tasser les détritus. Dans cette partie de la cour, l'air est alourdi de puanteur – mélange de médicaments, de désinfectants, de pourriture.

Affairés, des infirmières de la Croix-Rouge, des infirmiers militaires vont et viennent. Nos askaris, eux, ont abandonné la cour noire et empestée pour aller s'asseoir un peu à l'écart, au soleil sur les pelouses ; ils se confectionnent des cigarettes en roulant du tabac dans des petits morceaux de journal – exactement comme ils avaient l'habitude de le faire en Russie.

Un peu plus loin, des bancs sur lesquels des blessés légers ou des convalescents se chauffent eux aussi au soleil. Ils observent les askaris et remarquent aussitôt, malgré les uniformes allemands, que ce sont des

Russes. Ils se moquent des cigarettes épaisses comme le doigt et nous entendons qu'ils demandent des explications à notre sujet.

L'un d'eux se lève et s'approche de nous. Ses yeux nous fixent sans expression, comme s'il regardait des bêtes dans un zoo. La seule différence, c'est que nous ne sommes pas dans une cage et qu'il ne nous voit pas entre des barreaux. Peut-être se demande-t-il combien de temps nous avons encore à vivre. Puis il montre le bras qu'il a en écharpe et nous crie : « Cochons de Juifs, ça c'est le travail de vos frères, ces sacrés communistes ! Mais vous n'allez pas tarder à crever, tous tant que vous êtes ! »

Les autres soldats ne semblent pas être de son avis. On le voit tout de suite à leur attitude. Ils nous lancent des coups d'œil pleins de pitié, l'un d'eux hoche la tête d'un air pensif. Mais aucun n'ose souffler mot. Le soldat qui s'est approché de nous marmonne encore quelques injures, puis retourne s'asseoir au soleil.

Je me dis que le jour où il crèvera, cet infâme gredin qui insulte de malheureux innocents incapables de se défendre aura sur sa tombe un soleil qui veillera sur lui. Oui, soudain, ce n'est plus lui que je vois, mais la fleur. Je reste comme fasciné, les yeux fixés dans sa direction et mon regard le gêne. Au moment de s'asseoir, il prend un caillou et veut le lancer sur moi... Il me manque et le soleil disparaît. A cet instant, je me sens désespérément seul. Quel dommage qu'Arthur n'ait pas été pris dans ce groupe !

L'infirmier à qui nous avons été remis nous emmène enfin. Nous devons sortir du bâtiment des cartons pleins de débris. Leur contenu provient probablement de la salle d'opération. L'odeur prend à la gorge.

M'étant un peu écarté des tas d'ordures pour respirer, je remarque une petite infirmière boulotte qui porte la coiffe blanche caractéristique, avec une blouse grise à parements blancs. Elle observe et regarde autour d'elle avec curiosité, puis m'aborde directement : « Vous êtes juif ? »

Je la dévisage, étonné. Pourquoi me demande-t-elle ça ? Est-ce que ça ne se voit pas à mes vêtements, à mon aspect ? Est-ce qu'elle ne remarque pas que nous travaillons sous surveillance ? Veut-elle se moquer ? Ou sa question cache-t-elle autre chose ? Je me décide à répondre « Oui ».

Elle cligne des yeux et me dit à mi-voix : « Suivez-moi. »

Bon, une âme pitoyable. Elle veut peut-être me donner un morceau de pain et n'ose pas le faire devant les autres.

Il y a deux mois, alors que je travaillais encore à la gare de l'Est, je déchargeais des cylindres d'oxygène. Un soldat descendit d'un wagon garé sur une voie de service et vint vers moi. Il me dit qu'il nous observait depuis un certain temps, que nous n'avions pas assez à manger et que, sous-alimentés comme nous l'étions, ce travail était beaucoup trop dur pour nous. « Là, dans ma musette, il y a un morceau de pain. Ouvre-la et prends-le. »

Je lui demandai : « Pourquoi ne pas le donner vous-même ?

— C'est défendu de donner quelque chose à un Juif.

— Oh, voyons, lui dis-je, vous pouvez bien me le donner. »

Il sourit. « Non, prends-le. Comme ça je pourrai jurer la conscience tranquille que je ne t'ai rien donné. »

Cette scène me revient à l'esprit tandis que je suis l'infirmière dans le bâtiment.

Les murs épais de l'école supérieure conservent une fraîcheur qui ragaillardit ; l'infirmière marche assez vite. Où me conduit-elle donc ? Si elle ne m'a emmené que pour me glisser quelque chose à manger, elle pourrait le faire là, devant l'escalier. A cet instant, il n'y a personne en vue, ni loin ni près.

Mais elle se retourne une fois encore comme pour s'assurer que je la suis toujours.

Nous gravissons un escalier. Je ne le reconnais pas et ne me rappelle pas non plus être jamais venu dans cette partie du bâtiment. A l'étage au-dessus, quelques infirmières vont et viennent ; l'une d'elles porte un panier à linge, les autres des boîtes qui contiennent des médicaments. Un médecin me lance un coup d'œil acéré comme pour me dire : Qu'est-ce que tu fais là ?

Nous arrivons à la galerie supérieure. Il n'y a pas si longtemps que j'y attendais la délivrance de mon diplôme.

L'infirmière s'arrête et échange quelques mots avec une collègue. Je me demande si je ne ferais pas mieux de prendre la poudre d'escampette. Je suis sur mon terrain, je connais chaque mètre comme ma poche, je sais où conduisent les corridors. Ils n'auront qu'à chercher quelqu'un d'autre pour ce qu'ils avaient l'intention de me faire faire.

Mais voilà que j'oublie pourquoi je suis ici. J'oublie le camp et j'oublie l'infirmière.

Là, à droite, c'était le bureau du professeur Bagienski et, à gauche, celui du professeur Derdacki. Tous deux étaient renommés parmi nous pour leur horreur des étudiants juifs. C'est à Derdacki que j'ai dû remettre le plan d'un sanatorium qui m'avait été demandé pour mon diplôme. Et Bagienski a corrigé nombre de mes travaux. Quand il avait affaire à un étudiant juif, le souffle lui manquait et il bégayait encore plus que d'habitude. Aujourd'hui encore, je crois voir sa main qui sabre mon dessin, armée d'un gros crayon, une main avec une lourde chevalière.

L'infirmière se retourne à nouveau et me fait signe de l'attendre là. Je me penche sur la balustrade et regarde les allées et venues affairées dans les galeries inférieures. Des blessés sont transportés sur des civières, des soldats boitillent avec des béquilles, un chariot s'arrête juste au-dessus de moi et l'homme qui est couché dessus me regarde. Il a les traits ravagés par la souffrance.

De nouveau, un lambeau de souvenir remonte dans ma mémoire. Cela s'était passé en 1936, pendant les désordres à l'université. Les bandes de tueurs antisémites avaient alors tout simplement précipité un étudiant juif du haut de cette balustrade et il était tombé exactement comme ce soldat, peut-être au même endroit.

De l'autre côté de la balustrade, il y avait une porte derrière laquelle se trouvait à l'époque le bureau du doyen de l'architecture. C'était là que nous déposions nos livrets pour que les professeurs y inscrivent leurs appréciations. On y trouvait un fonctionnaire très poli, très correct, dont nous n'avons jamais su s'il était contre les Juifs ou pas. Il répondait toujours à notre salut avec une courtoisie lointaine. Nous avions l'impression de ressentir physiquement la distance qu'il prenait avec nous. Ou alors était-ce notre sensibilité exacerbée qui nous faisait croire à l'époque que nous devions forcément ranger les humains en deux catégories : ceux qui haïssaient les Juifs et les autres ? L'éternelle chasse aux sorcières dont nous étions victimes nous faussait l'esprit et d'ailleurs nous ne rencontrions presque jamais personne à qui nous fussions tout bonnement indifférents.

L'infirmière reparaît et m'arrache au passé. Dans ses yeux se lit une certaine satisfaction – elle doit être contente que je ne me sois pas sauvé.

A pas rapides, elle suit la balustrade qui contourne la galerie et s'arrête devant la porte de notre ancien doyen.

« Attendez-moi ici, je vous appellerai. »

Je hoche la tête et regarde dans l'escalier. Des infirmiers descendent une forme immobile sur une civière. Il n'y a jamais eu d'ascenseur dans ce bâtiment et apparemment les Allemands n'en ont pas installé non plus.

Quelques instants plus tard, l'infirmière ressort, me prend par le bras et me pousse dans la pièce.

Mes yeux cherchent le bureau, cherchent l'armoire dans laquelle on rangeait nos carnets, cherchent le fonctionnaire, mais aucun de ces témoins du passé n'est plus là. Seulement un lit blanc, une table de nuit à côté et quelque chose de blanc qui me regarde entre les draps. Sur le moment, mon cerveau ne peut enregistrer tout cela.

L'infirmière se penche sur le lit et chuchote. J'entends un murmure imperceptiblement plus grave qui semble lui répondre. Le lit se trouve dans la partie de la pièce située sous l'escalier, et le plafond bas, mansardé, y fait régner une demi-obscurité. Mais au bout de quelques instants je reconnais une silhouette toute blanche, allongée dans le lit. Je cherche les contours du corps sous les draps, je cherche la tête.

L'infirmière se redresse et me dit très bas : « Restez ici ! » Puis elle quitte la pièce.

Une voix faible, brisée, me parvient du lit.

« S'il vous plaît, venez plus près, je ne peux pas parler fort. »

Maintenant je distingue mieux la silhouette dans le lit. Des mains blanches, vidées de leur sang, gisent sur la couverture, la tête est entièrement entourée de pansements. Seuls la bouche, le nez et les oreilles sont dégagés. L'impression d'irréalité ne m'a toujours pas quitté. La situation a quelque chose de mystérieux, de sinistre. Ces mains de spectre, les pansements, le lieu où se produit cette extraordinaire rencontre.

Je ne sais pas qui est blessé, mais je me doute bien qu'il s'agit d'un Allemand.

L'angoisse me saisit : je ne sais plus si cette scène étrange est rêve ou réalité. Me voilà, avec les vêtements déguenillés des détenus d'un camp de concentration, dans le bureau de notre ancien doyen à l'école supérieure de Lemberg, maintenant transformée en hôpital militaire, dans une chambre de malade – ou plus exactement une chambre de mourant.

Hésitant, je m'assieds sur le bord du lit. Le blessé a dû remarquer mon mouvement, parce qu'il dit doucement :

« S'il vous plaît, approchez-vous encore un peu, je ne peux pas parler si fort. »

J'obéis. Semblables à de fines antennes d'insecte, ses doigts presque exsangues glissent jusqu'aux miens. Il me saisit la main et je le vois se redresser un peu dans le lit.

Mes yeux se sont habitués à la pénombre entre-temps et je remarque que le blanc des pansements est maculé de jaune, désinfectant ou pus. La tête entièrement enveloppée prend ainsi un aspect fanto-matique. Je reste assis à côté de l'homme dans le lit, fasciné, incapable de détourner mes regards. Les taches jaune-gris qui traversent le pansement sem-blent bouger et prendre continuellement des formes nouvelles auxquelles je ne trouve rien de comparable.

« Je n'en ai plus pour longtemps, chuchote le malade d'une voix à peine perceptible. Je sais que je vais bientôt mourir. »

Il s'arrête. Se demande-t-il seulement comment poursuivre, ou ce qu'il vient de dire l'a-t-il trop vio-lemment frappé ? Je l'examine de plus près pendant cette pause. Il est très maigre, comme saigné, et sous la chemise on voit nettement les os qui semblent vouloir percer la peau desséchée, livide et presque transparente.

Ses paroles n'éveillent en moi aucune émotion. Les conditions dans lesquelles je suis contraint de vivre ont tué en moi toute réaction à des événements de ce genre. La mort, la maladie, la souffrance sont pour les Juifs des compagnes inséparables, elles ne nous bouleversent plus. Moins de deux semaines avant cette conversation, alors que je travaillais encore à la gare de l'Est, j'avais dû me rendre dans un entrepôt où l'on déchargeait des sacs de ciment. J'entendis des gémissements de douleur et me dirigeai vers l'endroit d'où ils provenaient. Je vis un camarade du camp allongé entre deux sacs et lui demandai ce qu'il avait.

« Je suis en train de crever, me dit-il, et personne ne peut m'aider et personne ne s'en soucie. » Il se tut quelques secondes, puis ajouta, résigné : « J'ai vingt-deux ans. »

Je sortis aussitôt du hangar en courant, à la recherche du médecin. Il haussa les épaules et se détourna :

« Aujourd'hui, il y a deux cents hommes qui travaillent ici et six sont à l'article de la mort. » Il ne me demanda même pas où se trouvait le camarade dont je lui parlais.

« Tu dois t'occuper de lui, déclarai-je en le retenant.

– Je ne peux absolument pas l'aider.

– Mais en tant que médecin, tu peux tout de même te déplacer plus facilement, tu peux toujours justifier ton absence auprès de la sentinelle. Tu n'as pas de poste fixe pour travailler. Va vers lui pour lui tenir un peu compagnie. Mourir aussi seul et aussi abandonné, c'est atroce. Aide-le au moins à son heure dernière.

– Bon, bon », me dit-il. Mais j'étais sûr qu'il n'irait pas. Lui aussi avait perdu toute sensibilité à l'égard de la mort. En lui aussi, on l'avait tuée.

A l'appel du soir, six cadavres étaient alignés à côté du premier rang. Ils furent dénombrés sans commentaires. Le compte y était.

« Je sais, dit le malade, qu'à chaque seconde des hommes meurent par milliers. La mort est partout maintenant, elle n'est ni rare ni extraordinaire. Je me suis résigné à mourir bientôt. Mais avant, je voudrais parler de quelque chose dans ma vie qui me torture. Sinon, je ne pourrai pas mourir tranquille. »

Sa respiration devient difficile. J'ai l'impression qu'il me fixe au travers de son pansement. Il y voit peut-être par les taches jaunes. Elles ne sont pourtant pas à la hauteur des yeux, mais je me sens épié. Je ne peux pas regarder dans sa direction.

« Une de mes infirmières m'a raconté que des prisonniers juifs travaillaient en bas, dans la cour. Avant, elle m'avait apporté une lettre de ma mère... Elle me l'a lue... et puis elle est repartie. Il y a déjà trois mois que je suis dans cet hôpital. Alors, je me suis décidé... j'y pensais depuis longtemps... Plus tard, quand l'infirmière est revenue, je lui ai demandé de m'aider. Je lui ai demandé, si elle trouvait l'occasion, de dire à un prisonnier juif de venir vers moi. Mais en faisant bien attention que personne ne le remarque. Elle ne sait pas du tout pourquoi je lui demande une chose aussi extraordinaire. Elle n'a rien répondu et elle est partie. Je n'espérais plus qu'elle courrait ce risque pour moi, mais quand elle est revenue, le soir, elle

s'est penchée vers moi et m'a chuchoté qu'elle
m'amènerait un Juif aujourd'hui. Elle m'a dit ça
comme si elle exauçait la dernière prière d'un mourant. Elle sait bien ce qu'il en est et moi aussi. Je sais
que je suis dans une chambre mortuaire. Ils aiment
bien laisser les cas désespérés finir seuls – peut-être
pour ne pas déranger les autres. »

Qui est cet homme auprès de qui je suis assis ?
Qu'a-t-il de si important à me dire ? Peut-être est-ce
un Juif qui s'est fait passer pour allemand et qui
voudrait voir un de ses coreligionnaires avant de
mourir ? Parce qu'il n'a plus rien à craindre. On
racontait dans le ghetto, et par la suite dans le
camp, qu'il y avait en Allemagne des Juifs de
type « aryen » qui s'étaient fait enrôler dans la Wehrmacht avec de faux papiers. Certains même auraient
trouvé refuge à la SS. Par ce procédé, ils tentaient
de survivre. S'agirait-il d'un de ces Juifs camouflés ?
Ou peut-être d'un demi-Juif, né d'un mariage
mixte ?

Comme il remue un peu, je remarque que son
autre main repose sur une lettre qui glisse du lit et
tombe à terre. Je me penche et je la replace sur la
couverture.

Je n'ai pas touché sa main et il n'a pas pu voir
mon geste, néanmoins il y réagit.

« Merci – c'est la lettre de ma mère. » Les mots
glissent doucement sur ses lèvres.

J'ai de nouveau l'impression qu'il me regarde.

Sa main cherche la lettre, la rapproche de lui comme s'il voulait retrouver un peu de force et de courage au toucher du papier.

Je pense à ma mère. Elle ne m'écrira plus jamais de lettre. Il y a cinq semaines, elle a été emmenée lors d'une rafle dans le ghetto. La seule chose qui nous était restée après tant de pillages, c'était une montre en or. Je l'avais donnée à ma mère pour qu'elle essaie d'acheter sa liberté quand on viendrait la chercher. Une voisine qui avait un laissez-passer valide m'a raconté, par la suite, ce qui était arrivé. Un policier ukrainien est venu. Maman lui a donné la montre. Il est parti, mais au bout de quelques minutes, il est revenu et il l'a emmenée. Elle a attendu dans la cour, avec les autres locataires de la maison, l'arrivée d'un camion. Elle est partie avec ce camion là où l'on n'écrit plus de lettres...

Le temps semble suspendu.

« Je m'appelle Karl... Je suis entré dans la SS comme volontaire. Bien sûr, quand on entend ça, la SS... » Il s'arrête. Il paraît avoir la gorge sèche et fait des efforts convulsifs pour avaler une boule qui y est accrochée.

Je ne crois plus qu'il puisse être un Juif ou un demi-Juif camouflé sous l'uniforme allemand, comment ai-je pu avoir pareille idée, d'ailleurs ? Mais à cette époque, tant de choses sont possibles.

« Il faut que je vous raconte une chose horrible... je le sais depuis longtemps... une chose inhumaine. C'est arrivé il y a un an – est-ce qu'il y a déjà un an ? »

Ces derniers mots s'adressent à lui plutôt qu'à
moi.

« Oui, il y a déjà un an. Un an depuis le crime
que... j'ai commis. Et il faut que j'en parle à quelqu'un, ça m'aidera peut-être. »

Sa main enserre la mienne. Ses doigts m'agrippent
lorsqu'au mot crime, je veux retirer la main, par un
geste instinctif. Où trouve-t-il cette force ? Ou suis-je
si faible que je ne peux me dégager ?

« Il faut que je vous raconte une chose horrible
– à vous seul, parce que... vous êtes juif. »

Y a-t-il une horreur que je ne connaisse pas ?

Toutes les abominations, les cruautés et les tortures qu'un cerveau malade peut inventer me sont
familières. Pour une part je les ai subies dans ma
chair et j'en ai vu beaucoup dans le camp. Le récit
du malade peut difficilement dépasser ce que mes
camarades m'ont dit en tremblant.

Je ne tiens guère à entendre son histoire.

Pourvu que l'infirmière pense à dire à un askari
où je me trouve. Peut-être me cherche-t-on déjà,
croyant que je me suis sauvé...

Cette idée ne me laisse pas un instant de repos.
J'entends des voix de l'autre côté de la porte, mais
je distingue celle de l'infirmière, ce qui me rassure
un peu.

« C'est seulement au bout d'un certain temps que
je me suis rendu compte de la faute dont j'avais
chargé ma conscience. »

Je regarde fixement la tête cachée par les pansements. Je ne sais pas encore quel crime il va m'avouer,
mais je sais qu'après sa mort il poussera un soleil
sur sa tombe. Je vois très nettement la fleur qui se
tourne vers la fenêtre, la fenêtre par laquelle l'autre
soleil, réplique céleste, envoie sa lumière dans cette
chambre de mort.

Pourquoi se montre-t-elle déjà ? Elle va l'accompagner jusqu'au cimetière, se dresser sur sa tombe et
lui assurer un lien avec la vie.

Je lui envie cette fleur.

Et je lui envie de pouvoir, à son heure dernière,
penser à une mère vivante qui pense à lui dans son
pays avec angoisse.

« Je ne suis pas né assassin. On a fait un assassin
de moi... »

Il respire difficilement et s'arrête un instant.

« Je suis de Stuttgart et j'ai vingt et un ans maintenant, c'est trop tôt pour mourir – j'ai eu si peu de
chose de la vie... »

Naturellement, c'est trop tôt, mais qui s'en
soucie ? Est-ce que les nazis nous ont demandé si
nos enfants avaient déjà eu quelque chose de la vie ?
Est-ce que les nazis ont demandé si c'était trop tôt ?
Est-ce que quelqu'un me l'a déjà demandé, ou me
le demandera jamais ?

Comme s'il avait deviné mes pensées, il me dit :
« Je sais ce que vous pensez et je vous comprends.
Mais je peux tout de même dire que je suis bien

jeune... Mon père était chef d'atelier dans une usine et social-démocrate convaincu. Après 1933, il a eu quelques difficultés, mais il y en avait beaucoup d'autres dans son cas. Ma mère m'a élevé religieusement ; j'étais même l'enfant de chœur et le favori de notre curé. Il voulait que je fasse des études de théologie. Mais tout a tourné autrement. Je suis entré à la Jeunesse hitlérienne, alors bien entendu plus question d'aller à l'église. Les camarades se seraient trop moqués de moi. Ma mère était furieuse, mais elle a fini par cesser ses remontrances, parce que j'étais fils unique. Mon père ne disait rien, jamais... Il avait peur que je parle trop, à la Jeunesse hitlérienne, de ce que j'entendais dire chez moi... Notre Bannführer exigeait que nous soyons en service partout... même à la maison. Et si nous entendions quelqu'un se plaindre, nous devions le lui signaler. Il y en avait certains qui le faisaient. Moi, non. Mais mes parents avaient peur. Quand j'arrivais, les conversations s'arrêtaient. Ça me vexait. Mais je n'avais pas le temps de réfléchir. Malheureusement.

« A la Jeunesse hitlérienne, j'avais trouvé des amis, des camarades, mes journées étaient remplies. Après l'école, la plus grande partie de la classe allait au foyer de l'association et au stade ; je ne rentrais chez moi que le soir. Mon père ne parlait presque jamais avec moi, et quand il le faisait, il était très prudent, très réservé. Aujourd'hui, je sais bien ce qui l'accablait

– combien de fois je l'ai vu assis dans son fauteuil pendant des heures, sans dire un mot...

« Quand la guerre a éclaté, je me suis porté volontaire, bien entendu dans la SS. J'étais loin d'être le seul dans mon unité de la Jeunesse hitlérienne, presque la moitié d'entre nous ont été engagés volontaires – insouciants comme s'ils allaient à un bal ou une excursion. Quand je suis parti, ma mère a pleuré. Une fois la porte fermée, j'ai entendu mon père lui dire : "Voilà maintenant qu'ils nous prennent aussi notre enfant, tout ça finira mal."

« A l'époque, j'avais été indigné. Je voulais revenir sur mes pas pour le houspiller, lui dire qu'il ne comprenait rien à notre temps. Mais je ne l'ai pas fait, parce que je ne voulais pas rendre les adieux encore plus pénibles pour nous tous par une scène violente.

« Ce que mon père a dit à ma mère ce jour-là, ce sont les derniers mots que j'ai entendus de sa bouche. Il a rarement ajouté quelques lignes aux lettres qu'elle m'écrivait. La plupart du temps, elle l'excusait sous prétexte qu'il était à l'usine et qu'elle voulait envoyer la lettre tout de suite. Je savais trop bien que c'était un prétexte. »

Il s'arrête un instant et sa main cherche quelque chose sur la table de nuit. Avec la sûreté d'un somnambule, il prend un verre que je n'avais pas encore remarqué. Il boit quelques gorgées du liquide – sans doute de l'eau – puis remet le verre à sa place avant que j'aie pu le faire pour lui. Il n'est peut-être pas aussi mal que je le crois.

« Nous avons d'abord été regroupés dans un camp d'instruction. Là nous écoutions avec fièvre les communiqués de la radio sur la campagne de Pologne, nous dévorions les dépêches de presse – et nous avions peur qu'on n'ait plus besoin de nous. Je voulais vivre des aventures. Je voulais voir le monde pour avoir quelque chose à dire, moi aussi... Mon oncle Franz, le frère de mon père, nous parlait toujours de la guerre sur le front russe, de la défaite des moujiks qu'ils avaient jetés dans les lacs de Masurie... J'espérais quelque chose comme ça... »

Je suis sur des charbons ardents et tente de dégager ma main qu'il serre toujours. Je voudrais m'en aller, mais il semble me parler aussi avec la main. Son étreinte se fait plus forte – elle me supplie de ne pas partir. Peut-être remplace-t-elle ses yeux, car ils semblent à peine lui manquer. Et je me demande s'ils sont cachés derrière les pansements.

Je regarde autour de moi dans la pièce. Mes yeux rencontrent la fenêtre. On voit dans la cour une partie de la façade inondée de soleil, tranchée en diagonale par l'ombre du toit – frontière entre la lumière et l'obscurité, nette, sans transition.

Je regarde de nouveau Karl.

Il raconte maintenant comment il a été engagé en Pologne, donne un nom, Reichshof, je crois. Je ne veux pas l'interrompre pour le lui demander.

Mais pourquoi ce long préambule ? Il n'a qu'à dire tout de suite ce qu'il veut dire. Il n'a pas à se ménager.

Sa main se met aussi à trembler dans la mienne et j'en profite pour la retirer. Mais il la reprend aussitôt en murmurant : « Je vous en prie, non, non. » Veut-il se donner – ou me donner des forces pour ce qui va venir ?

« Et puis ça a été l'horreur... Mais avant, il faut que je vous parle encore de moi. »

Il doit sentir mon impatience. A-t-il remarqué que je regardais sans cesse la porte ? Il me dit :

« Personne ne viendra. L'infirmière m'a promis de monter la garde dehors...

« Heinz, mon camarade de classe avec qui j'étais aussi en Pologne, disait toujours que j'étais un rêveur. Je ne sais pas au juste pourquoi. Peut-être parce que j'étais toujours gai et content. Toujours gai et content jusqu'au jour où c'est arrivé... Heureusement Heinz ne peut plus m'entendre. Ma mère ne saura jamais ce que je suis devenu. Elle gardera l'image d'un bon petit, comme elle m'appelait toujours... comme elle voulait me voir.

« Chez nous, dans notre rue, elle lit mes lettres à tous les voisins et... ils disent que j'ai été blessé dans le combat pour le Führer et pour la Patrie... mais vous connaissez bien les formules de circonstance... »

Sa voix a pris un ton amer. On croirait qu'il veut se blesser lui-même, se faire mal.

« Dans le souvenir de ma mère, je suis encore
un gamin joyeux, sans souci... débordant d'entrain.
Nous en avons inventé des farces au camp d'instruction ! J'ai failli faire de la prison pour une blague un
peu forte du chef de chambrée... »

Il parle de sa jeunesse, de ses camarades et je pense
aux années d'autrefois, au temps où moi aussi je
pouvais avoir des folies en tête. Je revois mes amis,
mes condisciples de Prague. Nous aussi nous avons
joué de bons tours. Nous aussi nous étions jeunes et
nous avions la vie devant nous. Mais tout cela
remonte si loin dans le passé que ce n'est presque
plus vrai. D'ailleurs, ma jeunesse a-t-elle quelque
chose à voir avec la sienne ? Ne venons-nous pas
de deux mondes différents ? Où sont maintenant
mes amis ? Encore au camp, ou déjà dans la fosse
commune... Et où sont les siens ? Ils vivent – ou ils
ont au moins un soleil sur leur tombe et une croix
avec leur nom.

Je me demande pourquoi, en tant que Juif, je dois
écouter la confession d'un soldat mourant. S'il a tout
à coup retrouvé sa foi de chrétien, il n'a qu'à
demander un prêtre. Il l'aidera peut-être à mourir.
Mais dans un hôpital de la SS, est-ce qu'il y a des
prêtres ? Sans doute pas – simplement un Juif.

A qui pourrai-je faire ma propre confession quand
ma dernière heure sera venue ? Ai-je quelque chose
à avouer ? De toute façon je n'aurai pas autant de
temps que lui. D'ailleurs je n'ai pas besoin de me

confesser. J'aurai sûrement une mort violente, comme tant d'autres avant moi. Peut-être instantanée, peut-être n'aurai-je même pas le temps de me préparer à la balle.

Il continue à parler de sa jeunesse, comme s'il lisait une conférence. C'est pour cela qu'il m'a fait venir ? Il me contraint seulement à me rappeler ma propre jeunesse. Mais je ne veux plus y penser. Elle est si lointaine qu'elle me paraît irréelle. J'ai l'impression d'avoir toujours vécu dans ce camp, d'être né sous-homme, uniquement pour être torturé par des bêtes féroces à forme humaine qui se défoulent ainsi de quelque complexe. Les souvenirs ne font qu'affaiblir, or je veux rester fort. Seul celui qui est fort a une chance de survivre en ces temps de ténèbres, d'assister à la fin de ceux qui croient aujourd'hui avoir une supériorité si écrasante sur nous. Je n'ai pas encore perdu l'espoir que ce monde leur fera payer leurs méfaits – malgré les communiqués de victoire tonitruants, l'allégresse débordante, l'outrecuidance sans bornes. Le jour viendra où les nazis baisseront la tête, comme nous le faisons aujourd'hui.

Tout en moi se révolte à l'idée d'en entendre davantage. Je voudrais partir, m'en aller d'ici.

Le mourant a dû le sentir, car il lâche sa lettre et me prend le bras. Ce geste est si touchant dans son impuissance qu'aussitôt il me fait pitié. Je veux partir et pourtant je reste. Il reprend très vite :

« Au printemps dernier, nous avons compris que ce serait pour bientôt. On nous répétait de plus en plus souvent que nous devions nous préparer à quelque chose de grand où il faudrait que chacun paie de sa personne et attaque... "sec". Pas de sensiblerie. Le Führer et le Reich avaient besoin d'hommes entiers.

« Sur le moment, ça m'avait beaucoup frappé.

« Quand la guerre contre l'Union soviétique a commencé, mes camarades et moi, nous avons été rassemblés avant le départ et on nous a retransmis un discours du Reichsführer-SS. Il parlait de la victoire finale, de la mission du Führer... de l'élimination des sous-hommes... On nous distribuait des piles de livres sur les Juifs et les Bolchevistes, nous dévorions le *Stürmer*[1] et beaucoup découpaient les dessins pour les coller au-dessus de leur lit. Moi – non, ça n'était pas mon goût. A la cantine nous nous échauffions à faire des projets d'avenir en buvant de la bière. La guerre contre l'Union soviétique s'achèverait en victoire éclair, comme celle de Pologne, grâce à notre chef génial. Nos frontières seraient repoussées de plus en plus loin vers l'est. Le peuple allemand avait besoin d'espace vital... »

---

1. Hebdomadaire publié par Julius Streicher, qui alliait l'antisémitisme le plus virulent à une sexualité morbide. Ses caricatures grossières étaient célèbres. (*N. de la T.*)

Il s'interrompit un instant, comme pour reprendre des forces.

« Pour ce qui est de mon espace vital, vous voyez où il en est maintenant. »

Il s'apitoie sur son sort. Ses mots sont lourds d'amertume et de résignation.

Je regarde par la fenêtre et constate que la démarcation entre ombre et lumière coupe désormais une autre fenêtre de la façade. Le soleil est plus haut. Une des fenêtres s'ouvre, accroche un rayon et le renvoie en se fermant. Sur le moment, cet éclair me semble presque être un signal délibérément lancé avec un miroir.

A cette époque, nous avions tendance à voir partout des symboles. Temps propice au mysticisme et à la superstition. Combien de fois ai-je entendu des camarades de camp faire des récits débordant de fantasmagorie ! Pour nous tout était irréel, la terre était peuplée de figures surnaturelles, Dieu était en congé et pendant son absence d'autres avaient entrepris de nous donner signes et intersignes. En temps normal, nous aurions ri au nez de celui qui aurait cru aux forces de l'au-delà, mais désormais nous attendions d'elles une intervention dans le cours des événements. Nous buvions les moindres paroles des devins ou des cartomanciens. Nous nous accrochions à des interprétations souvent complètement insensées, si elles nous donnaient l'impression que nous pouvions espérer une amélioration de la situation. Là, l'éternel optimisme du Juif rejetait bien loin le bon sens et la raison. Il est vrai que le bon sens n'avait guère place en un monde pareil. Qu'est-ce qui était raisonnable et logique dans le monde du nazisme ? On s'y perdait en visions chimériques afin d'échapper à l'effroyable réalité. Et pour cela la froide raison eût été une entrave. Nous fuyions dans le rêve et faisions tout pour ne pas nous en éveiller.

J'oublie, l'espace d'un instant, où je me trouve.

Et j'entends un bourdonnement. Une mouche attirée par l'odeur de pus tourne autour de la tête du blessé. Karl ne la voit pas et ne peut pas non plus voir que je l'écarte d'un revers de main. Mais il a dû le sentir.

« Merci. » C'est seulement en entendant le murmure que je me rends compte de ce que je viens de faire. Sous-homme sans défense, j'ai porté secours sans y penser, tout naturellement, à un surhomme lui aussi sans défense.

« Vers la fin de juin, nous avons été constitués en groupe d'assaut. On nous a envoyés en première ligne avec un convoi de camions. Nous traversions des champs de blé qui s'étendaient à perte de vue. Une richesse inestimable. Le caporal nous a dit que le Führer avait fixé le jour de l'offensive contre les Russes de manière que nous puissions rentrer toutes les récoltes chez nous. Nous trouvions ça très bien. Pendant les interminables journées du trajet, je voyais au bord de la route des cadavres de Russes, des chars incendiés, des camions abandonnés, des chevaux crevés. Il y avait aussi des blessés couchés sur le sol, dont personne ne s'occupait. Leurs cris et leurs gémissements accompagnaient notre avance.

« Un camarade a craché sur eux et, comme je le lui reprochais, il m'a répliqué par une phrase de nos chefs : "Pas de pitié pour les Rousskis." »

Ses mots sonnent comme un communiqué militaire laconique. Il parle comme écrit un correspondant aux armées, rien dans ses intonations n'indique une participation personnelle. Souvent des formules sans vie qui pourraient avoir été prises dans un article de journal.

« Nous sommes enfin arrivés dans un petit village ukrainien. C'est là que j'ai eu mon premier contact avec l'ennemi. Nous tirions sur une maison abandonnée dans laquelle des Russes s'étaient retranchés. Mais quand nous avons donné l'assaut, nous n'avons plus trouvé personne. Seuls quelques prisonniers restaient et nous ne nous en sommes pas occupés, c'est-à-dire que moi je ne m'en suis pas occupé. Mais notre caporal... il en a achevé deux...

« Depuis que je suis ici, à l'hôpital, ces détails me reviennent sans cesse à la mémoire, je revois les scènes, je revois tous les incidents. Mais avec plus de précision et plus de netteté. J'ai davantage de temps maintenant.

« Les combats étaient inhumains. Beaucoup d'entre nous ne pouvaient presque plus tenir le coup.

Quand le commandant s'en est aperçu, il a poussé de vrais rugissements. "Est-ce que vous croyez que les Russes n'en font pas autant avec les nôtres ? Vous n'avez qu'à voir comment ils agissent avec leurs propres compatriotes, les prisons que nous prenons sont pleines de types égorgés, ils abattent les prisonniers parce qu'ils ne peuvent pas les emmener. Celui qui a été désigné pour faire l'histoire ne peut pas se soucier de ces détails !"

« Un soir, un camarade m'a pris à part, il voulait me parler. Mais après la première phrase il s'est arrêté. Il n'avait pas confiance en moi. »

Comme les situations étaient semblables ! Deux ans auparavant, j'étais à Odessa. Là-bas quelqu'un avait raconté qu'il ne se fiait pas même à son meilleur ami quand il voulait se plaindre de quelque chose. La terreur brisait les amitiés et semait la méfiance.

« Nous faisions l'histoire. Jour après jour nous recevions les bulletins de victoire du front et, sans cesse, on nous répétait que la guerre serait bientôt finie. Le Führer le disait et Himmler aussi... Pour moi, maintenant, elle est en effet bien finie... »

Il respire péniblement. Puis il avale. Soudain, un petit froissement. Je me détourne. Je n'avais pas remarqué que la porte s'était ouverte. Mais lui l'a entendu.

« Pas encore, je vous en prie...

— C'est bien, c'est bien, je voulais seulement voir si... »

L'infirmière referme la porte.

« Nous sommes arrivés à Dniepropetrovsk un jour d'été torride. Partout des véhicules et des armes abandonnés. Beaucoup étaient encore intacts. On voyait que les Russes s'étaient retirés précipitamment. Des maisons brûlaient et les rues étaient coupées par des barricades élevées en toute hâte, que personne ne défendait plus. Nos sapeurs déblayaient les obstacles et remorquaient les véhicules. Partout des civils morts. Sur la chaussée une femme était étendue avec deux petits enfants en pleurs auprès d'elle...

« On nous a donné l'ordre de nous reposer. Les armes accotées aux murs des maisons, nous nous sommes assis par terre pour allumer les cigarettes. Soudain, une détonation. Instinctivement nos yeux se sont portés vers le ciel, mais il était vide. Pas un avion en vue ; c'est seulement en voyant des nuages de poussière que nous avons compris. Non loin de nous, tout un pâté de maisons avait sauté. Bientôt les ambulances sont arrivées à toute allure. L'explosion avait fait de nombreux morts et blessés.

« Les Russes en se retirant avaient miné les bâtiments et dès qu'on y entrait tout sautait. Un camarade a assuré que c'étaient les Finlandais qui leur avaient appris le procédé. J'étais heureux qu'on nous ait ordonné une pause. Nous nous en étions tirés encore une fois.

« Tout à coup, un command-car s'arrête au beau milieu de nous. Un commandant appelle notre chef

de compagnie. Puis viennent quelques camions qui
nous conduisent dans un autre quartier de la ville.
Là, toujours le même spectacle lamentable.

« On nous arrête sur une grande place, nous sau-
tons à terre et regardons autour de nous. Du côté
opposé de la place, un groupe de gens est pressé,
fortement gardé. Je suppose d'abord que ce sont des
civils qu'il faut évacuer hors de la ville si âprement
disputée. Mais au bout de quelques instants, je
comprends. Comme un feu de broussaille le bruit se
propage dans nos rangs, colporté de bouche à oreille :
"Ce sont des Juifs"... Dans ma jeune vie je n'en avais
pas encore vu beaucoup. Il en venait quelques-uns à
la maison, autrefois, mais ils étaient partis quand
Hitler avait pris le pouvoir. Les rares qui étaient restés
avaient disparu purement et simplement. On racontait qu'ils étaient rassemblés dans un ghetto. Et puis
on les avait oubliés. Seule ma mère faisait encore
parfois allusion à notre vieux médecin, qui était juif
et en qui elle avait grande confiance. Elle gardait
soigneusement toutes ses ordonnances, mais un jour
le pharmacien lui a dit que désormais elle devrait se
faire prescrire ses médicaments par un autre médecin.
Il n'avait plus le droit de les délivrer sur ordonnance
d'un praticien juif. Bien entendu, ma mère est ren-
trée furieuse et a raconté l'incident. Mais mon père
s'est contenté de me regarder et il n'a rien dit.

« Ce qu'on écrivait sur les Juifs dans les journaux,
je n'ai pas besoin de vous le dire. Personne ou

presque n'osait aller contre l'opinion générale qui
était faite par la propagande. Par la suite, en Pologne,
j'ai vu des Juifs qui n'étaient pas du tout comme
ceux que je connaissais à Stuttgart.

« Au camp d'entraînement de Debica, il y en avait
aussi quelques-uns qui travaillaient. Je leur glissais
souvent quelque chose à manger. Comme il fallait
bien s'y attendre, un caporal m'a surpris et j'ai dû
changer de tactique : les Juifs étaient chargés de net-
toyer nos quartiers, alors je laissais tout simplement
des petits restes de nourriture sur la table.

« Sinon, je savais seulement des Juifs ce que la
radio en disait, ou ce qu'on nous donnait à lire. On
nous disait qu'ils étaient la cause de tous nos malheurs... qu'ils essayaient de nous opprimer, qu'ils
étaient responsables de la guerre, de la misère, de la
faim, du chômage... »

Toujours le même tableau : le Juif est mauvais, et
celui qui ne voit pas de mal dans le Juif s'écarte du
droit chemin, il faut le ramener dans le rang.

Les Juifs sont mauvais parce que les autres veulent
qu'ils le soient. Si nous n'étions pas aussi mauvais,
aussi négatifs, tout l'édifice idéologique s'écroulerait.
En effet, une grande partie de celui-ci repose, depuis
des années, sur le postulat des « Juifs mauvais et
méchants ».

Tandis que le mourant me parle des Juifs, je
remarque que sa voix prend des inflexions plus
chaudes. Je ne les ai encore jamais entendues chez

d'autres SS. Est-il différent, meilleur qu'eux – ou simplement les SS qui meurent changent-ils le son de leur voix ?

« Et puis, tout d'un coup l'ordre arrive. Nous nous avançons vers le groupe des Juifs. Ils sont environ cent cinquante ou deux cents, dont beaucoup d'enfants qui nous regardent avec de grands yeux fixes. Certains, très peu nombreux, pleurent sans bruit. Il y a quelques bébés dans les bras de leur mère, presque pas d'hommes jeunes, mais beaucoup de femmes âgées et de vieillards.

« Et en arrivant plus près, je reconnais l'expression de leurs yeux. La peur. Une peur indescriptible. Ils doivent savoir ce qui les attend… Un camion arrive, chargé de bidons d'essence. On donne l'ordre à quelques-uns d'entre nous de les décharger et de les empiler devant la porte d'une maison voisine.

« Les Juifs les plus solides doivent les monter à l'étage supérieur. Ils le font – sans volonté, indifférents, comme des automates.

« Puis nous nous mettons à pousser les Juifs dans la maison. Soudain, un de nos adjudants brandit un fouet pour aider le mouvement quand un des Juifs ne va pas assez vite. Injures et coups de pied pleuvent. La maison n'est pas bien grande, elle n'a que deux étages. Je ne sais pas comment tout ce monde peut s'y caser, mais au bout de quelques minutes seulement, il n'y a plus un Juif dans la rue. »

Il se tait et j'ai le cœur qui bat.

Je vois la scène. Elle m'est familière, moi aussi je pourrais être de ceux qui ont été poussés dans la maison aux bidons d'essence. Je sens dans ma chair comme l'espace y est réduit, comme ils sont pressés les uns contre les autres, comme ils pleurent et soupirent. Ils se doutent bien de ce qui va se passer et je m'en doute aussi.

« Il arrive encore un camion, bourré de Juifs, cette fois. Il y en a une trentaine qui sont entassés avec les autres dans la maison. La porte est fermée et une mitrailleuse mise en position devant. »

Je sais ce qui va venir. Depuis plus d'un an que nous sommes sous l'occupation allemande, nous avons appris le déroulement de scènes semblables à Bialystok, Brody, Grodek et bien d'autres endroits. Le procédé est partout le même. Il peut s'épargner la suite.

Je suis sur le point de me lever, mais il se fait implorant :

« Je vous en supplie, restez. Il faut que je vous raconte tout. »

Je ne sais ce qui me retient. Il y a dans sa voix quelque chose qui m'empêche de suivre mon sentiment aussi bien que ma raison et de quitter la pièce. Peut-être le désir d'entendre de sa bouche, décrits avec ses mots, les procédés inhumains de la SS à notre endroit.

« Quand vient le signal que tout est prêt, nous reculons de quelques pas, nous dégoupillons les grenades et nous les lançons dans les fenêtres sans vitres de la maison. Une détonation suit l'autre... Oh mon Dieu ! »

Il s'arrête et se remonte un peu dans le lit.

Je remarque qu'il tremble de tout son corps.

« Nous entendons des cris, nous voyons les flammes qui rongent monter d'un étage à l'autre... Nous tenons nos fusils prêts à tirer sur ceux qui essaieraient de fuir cet enfer... Des hurlements affreux jaillissent de la maison. La fumée nous prend à la gorge et nous fait tousser... »

Sa main est de nouveau moite. Son récit paraît le bouleverser au point qu'il est en sueur. Je ne le remarque pas tout d'abord, mais je retire ma main de son étreinte. Aussitôt, il tâtonne, la cherche et la saisit : « Je vous en prie, je vous en supplie, balbutie-t-il, ne partez pas. Il faut que je continue, j'ai encore quelque chose à dire. »

Si je gardais encore un doute sur ce qu'il a à à me raconter, ce doute est bien dissipé maintenant. Je remarque qu'il concentre ses forces avec la dernière énergie pour aller jusqu'au bout de sa cruelle histoire.

« Par une fenêtre ouverte, au deuxième étage, j'aperçois un homme qui tient un petit enfant sur le bras. Ses vêtements sont en flammes, une femme est à côté de lui. Sûrement la mère du petit. De sa main libre, il cache les yeux de l'enfant – puis il saute avec lui dans la rue. Quelques secondes après, la mère les suit. Et par les autres fenêtres aussi des formes qui brûlent se jettent en bas... Nous tirons... Oh Dieu ! »

Le mourant a posé sa main sur les pansements qui lui entourent la tête comme pour ne plus voir ces images.

« Je ne sais pas combien ont préféré le saut par la fenêtre à la mort dans les flammes, mais cette famille-là, je ne l'oublierai jamais – surtout l'enfant. Il avait des cheveux noirs, des yeux noirs... »

Il se tait, épuisé. L'enfant aux yeux noirs me rappelle Eli, le petit garçon du ghetto de Lemberg, six ans, avec de grands yeux noirs pleins de questions. Des yeux qui ne comprenaient pas pourquoi. Des yeux qui accusaient.

Des yeux qu'on n'oublie jamais.

Les enfants du ghetto étaient précoces, ils semblaient pressentir que leur existence serait courte. Ils vivaient des mois en quelques jours, des années en quelques mois. Quand je voyais un jouet dans leurs mains, il me paraissait étrange, insolite, comme s'il s'était trouvé dans la main d'un vieillard.

Quand ai-je vu Eli pour la première fois ? Quand lui ai-je parlé pour la première fois ? Je ne sais plus.

Il habitait dans une maison proche de la porte du ghetto. Souvent il se risquait tout près de celle-ci. Et une fois j'ai entendu un membre du service d'ordre juif l'appeler par un nom : Eli.

Rares étaient les moments où un enfant pouvait s'aventurer au voisinage de cette porte. Eli le savait. L'instinct remplaçait chez lui la raison.

Eli est un diminutif d'Elias ou, comme je l'ai appris en classe, d'Eljahu ou Eljahu Hanavi, le prophète.

Ce nom fait remonter en moi des souvenirs, des souvenirs du temps où j'étais encore enfant.

Lors de la Pâque, au repas de fête que nous appelons le Seder, il y avait sur la table, au milieu des autres vaisselles, une grande coupe de vin que personne ne devait toucher. Elle était réservée à Eljahu Hanavi et l'un des enfants, accompagné par une prière spéciale, était chargé d'aller ouvrir la porte pour que le prophète puisse entrer dans la pièce et goûter à son vin. Nous regardions la porte avec de grands yeux émerveillés et confiants, mais bien entendu nous ne voyions personne.

En cette occasion, ma grand-mère ne manquait jamais de m'assurer que le prophète buvait bien dans la coupe. Je regardais avec curiosité dans le récipient, et comme je le trouvais toujours plein, je disais :

« Il n'a pas bu du tout !

— Il ne boit qu'une larme », répliquait ma grand-mère.

Pourquoi disait-elle cela ? Cette larme était-elle tout ce que nous pouvions offrir à Eljahu ?

Depuis des générations sans nombre, depuis la sortie d'Egypte, nous fêtons la Pâque pour commémorer cet événement. Et depuis ce moment, nous connaissons l'usage de la coupe de vin destinée à Eljahu Hanavi. Pour nous qui étions enfants, le prophète faisait figure de protecteur et notre imagination lui prêtait les formes les plus diverses. Ma grand-mère racontait qu'il se faisait rarement connaître aux hommes. Il apparaissait sous l'aspect d'un paysan, d'un marchand, d'un mendiant, ou aussi d'un enfant. Et en remerciement de la protection qu'il nous assurait, il recevait à la table du festin la plus belle coupe remplie du meilleur vin – mais il n'en buvait qu'une seule goutte.

Le petit Eli du ghetto avait survécu, comme par miracle, aux nombreuses opérations dirigées contre les enfants, ces « bouches inutiles ». Les adultes travaillaient toute la journée en dehors du quartier juif et c'était en général pendant ce temps-là que la SS venait chercher les enfants. Mais toujours quelques-uns parvenaient à échapper aux sbires.

Ils apprenaient à se dissimuler et les parents leur construisaient des cachettes – dans le sol, dans le poêle ou dans une armoire à double fond. Et les enfants eux-mêmes, si petits qu'ils fussent, arrivaient à acquérir un sixième sens qui les avertissait du danger.

Mais avec le temps, les hommes de la SS finissaient par connaître tous les genres d'abri, même les plus raffinés, et ils gagnaient de plus en plus souvent à ce jeu de cache-cache – qui n'était pas un jeu, même pour les plus petits, car ils pressentaient ce qui les attendait s'ils étaient pris.

Eli fut l'un des derniers enfants que je vis dans le ghetto. Chaque fois que j'arrivais du camp – j'eus un laissez-passer pendant un certain temps – je le cherchais des yeux et si je le voyais je pouvais être sûr qu'aucun danger immédiat ne menaçait.

A cette époque, la faim régnait dans le ghetto. Et les policiers avaient beau répéter aux parents d'Eli qu'il ne fallait pas le laisser s'approcher de la porte, il s'y aventurait toujours. Souvent l'agent de garde à l'entrée lui donnait quelque chose à manger.

Un jour, en rentrant dans le ghetto, je ne le rencontrai pas vers la porte. Je ne le trouvai que plus tard. Il était à une fenêtre, ses mains minuscules sur l'appui qu'il semblait essuyer. Et puis il portait le doigt à la bouche. Je m'approchai et quand je vis ce que faisait Eli, les larmes me montèrent aux yeux.

En ces jours, j'avais vu tant de souffrances que je m'étais déjà un peu endurci, mais à cette vue mes larmes jaillirent en torrent : Eli se tenait contre l'appui de la fenêtre et ramassait les miettes minuscules que l'un de ceux qui disposaient encore de quelques biens avait mises là pour les oiseaux.

Il devait sûrement se dire que les oiseaux pouvaient trouver de la nourriture en dehors du ghetto, chez les gens pitoyables de la ville qui à cette époque, par lâcheté et par peur, n'osaient pas donner un morceau de pain à un enfant – si cet enfant était juif.

Devant la porte du ghetto, des femmes attendaient avec des sacs de pain et de farine. Elles voulaient faire du troc avec ses habitants pour se procurer des vêtements, des couverts d'argent ou des tapis. Mais presque aucun des Juifs ne possédait encore quelque chose qu'il pût échanger contre de la nourriture.

Les parents d'Eli n'avaient certainement plus rien à offrir contre un morceau de pain.

Combien d'enfants du ghetto mangeaient les miettes destinées aux oiseaux pour ne pas mourir de faim ? Mais pendant combien de temps peut-on vivre de miettes ?

Le SS-Gruppenführer Katzmann – le célèbre Katzmann – savait trop bien qu'il devait encore y avoir des enfants dans le ghetto malgré les multiples perquisitions. C'est alors qu'un plan diabolique prit forme dans son cerveau bestial : un jardin d'enfants ! Il fit expliquer au conseil israélite qu'un local allait être aménagé pour les enfants et une jardinière désignée. De cette façon, ils seraient surveillés pendant l'absence des parents.

Les éternels et incurables optimistes que sont les Juifs virent dans ce geste le signe d'un traitement moins féroce. Ils allaient même racontant que désormais il était interdit de fusiller. Quelqu'un avait entendu dire à la radio américaine que Roosevelt avait menacé les Allemands de représailles s'ils continuaient à massacrer les Juifs. C'est pourquoi ils voulaient faire montre de plus d'humanité... D'autres parlaient d'une commission internationale qui devait inspecter le ghetto. On voulait lui montrer un jardin d'enfants – ce serait un témoignage d'humanité dont les Allemands pourraient se parer aux yeux de l'étranger. Le conseiller criminel Engels, homme aux cheveux gris, vint avec un membre du conseil israélite s'assurer personnellement que les locaux étaient clairs et accueillants. Il déclara qu'il devait certainement y avoir beaucoup d'enfants qui seraient heureux de venir à cette garderie et promit une distribution extraordinaire de produits alimentaires. De fait, la Gestapo envoya des boîtes de cacao et de lait.

Peu à peu, les parents des enfants affamés se risquèrent à les envoyer au jardin. On attendit la commission de la Croix-Rouge – qui ne vint pas. Ce qui vint, un matin, ce furent trois camions de la SS. Ils emmenèrent tous les enfants.

Le soir, lorsque les parents revinrent du travail, des scènes bouleversantes se déroulèrent.

Pourtant, quelques semaines plus tard, j'aperçus Eli. Son instinct d'enfant l'avait incité à rester chez lui, ce matin-là.

Pour moi le garçonnet aux cheveux noirs dont parle Karl, c'est Eli. Eli qui représente tous ces malheureux enfants, peut-être parce que son petit visage s'est ineffaçablement gravé dans ma mémoire, Eli, le dernier enfant juif que j'ai vu.

Auparavant, j'éprouvais encore une certaine pitié pour le mourant. Maintenant elle s'est évanouie. Son contact provoque chez moi une douleur presque physique. Je retire ma main. Mais je ne songe plus à m'en aller, car l'histoire n'est pas finie, je le sens nettement. Il y a encore autre chose...

Il murmure des mots que je ne saisis pas. Mes propres pensées m'entraînent au loin, bien que je sois là pour écouter ce qu'il a à me dire et qui est si urgent. Pourtant, il semble oublier lui aussi ma présence comme j'ai un instant oublié la sienne. Il marmonne pour lui, sur un ton monocorde, comme beaucoup de malades habitués à rester seuls. Se raconte-t-il précisément ce qu'il voulait me dire ? Ou bien des choses qu'il n'ose pas exprimer tout haut ? Qui sait ce qu'il a encore à révéler ? Aucune imagination ne peut se le représenter, personne ne peut le prévoir – mais ces temps m'ont au moins appris une chose : il n'est pas d'horreur qui ne puisse être dépassée.

« Oui, je les vois devant moi... »

Qu'est-ce qu'il dit ? Il les voit ? Comment ? Il a la tête entièrement bandée. Je la regarde fixement et crois apercevoir ses yeux, comme au travers d'un nuage.

« Je vois l'enfant, son père et sa mère », poursuit-il. Il gémit, son souffle sort en haletant des poumons blessés. « Ils étaient peut-être morts avant de s'écraser sur le pavé. C'était horrible. Les hurlements se

mêlaient aux salves des armes comme pour les étouffer
– ou étaient-ce les salves qui devaient étouffer les hurlements ? Je ne peux pas oublier – ça me poursuit. J'ai
eu beaucoup de temps pour réfléchir... beaucoup,
mais peut-être encore pas assez... »

Est-ce que j'entends aussi les coups de feu ? Nous
y sommes tellement habitués qu'ils ne font plus sur-
sauter personne. Oui, je les entends très nettement.
On tiraille continuellement au camp, on entend les
détonations de près et de loin – et aussi des cris,
toujours des cris. Je ferme les yeux et je vois, j'entends
nombre de détails remonter à la surface de mes
souvenirs.

C'est peut-être la raison pour laquelle pendant son
récit qui n'était fait que de mots brefs et nus, souvent
hachés, je me pliais avec tant de souplesse à ses évo-
cations, comme si moi aussi j'en avais été témoin. Je
voyais les malheureux poussés dans la maison,
j'entendais leurs cris, je lisais le désespoir sur leur
visage, je les entendais consoler et calmer leurs
enfants, je les voyais sauter, en flammes, sur le pavé.

« Peu après, nous avons été relevés et nous sommes
allés plus loin. Pendant la marche, on nous a expliqué
qu'il s'était agi de représailles. Pour les bombes à
retardement cachées par les Russes dans ce quartier
de la ville. Une trentaine de nos camarades avaient
été tués, alors nous avions supprimé trois cents Juifs.
Personne n'a demandé ce que les Juifs fusillés avaient

à voir avec les bombes des Russes. Le soir, on nous a donné du schnaps. Le schnaps aide à oublier.

« La radio a diffusé un communiqué du front. Tant et tant de tonnes brutes coulées, tant de prisonniers, d'avions abattus, tant de kilomètres carrés conquis... des chiffres, des chiffres... L'obscurité tombait... »

Qu'est-ce qu'il entend par là ? Qu'est-ce que le soleil a encore à faire dans un monde qui se rue vers les ténèbres extérieures ?

« Allumés par le schnaps, nous nous sommes assis et nous avons commencé à chanter. Moi aussi j'ai chanté. Aujourd'hui je me demande comment j'ai pu. Je voulais sans doute m'étourdir. D'ailleurs j'y ai réussi, l'événement a paru glisser loin de moi. Mais dans la nuit, il est revenu...

« Le camarade couché à côté de moi s'appelait Peter et il était lui aussi de Stuttgart. Il s'agitait et marmonnait quelque chose en dormant. Je me suis redressé sur un coude pour le regarder. Mais il faisait trop noir pour distinguer son visage et j'ai seulement entendu quelques mots : "Non, non", puis "Je ne veux pas". Le lendemain matin, j'ai lu sur le visage de quelques camarades qu'ils n'avaient pas trouvé non plus le repos cette nuit-là. Mais personne ne voulait en parler, nous nous évitions. Notre caporal aussi l'a remarqué.

« "Vous alors, avec votre sensiblerie ! Mais enfin, c'est la guerre ! Il faut être dur ! Ce ne sont tout de même pas les nôtres qui ont écopé. Un Juif n'est pas un homme ! Le Juif est responsable de tous nos malheurs. Quand vous en tirez un, c'est tout autre chose que quand c'est un des nôtres – hommes, femmes ou enfants, ils ne sont pas comme nous. Il faut les éliminer, une fois pour toutes. Si nous avions été mous, nous serions encore les valets des autres, mais le Führer..." »

Il a dû le remarquer : ces derniers mots pouvaient me laisser supposer qu'il recherchait seulement une excuse – malgré tout – un moyen de se disculper. Il s'arrête au milieu de sa phrase.

« Oui, vous comprenez... » mais il ne va pas plus loin.

Que veut-il dire ? Quelque chose qui le tranquilliserait ? Quelque chose qui m'expliquerait pourquoi il me raconte toute son histoire ? Mais il ne revient pas à son idée.

« Notre repos n'a pas duré longtemps. Nous sommes repartis vers midi – nous faisions partie des groupes d'assaut, n'est-ce pas. Nous sommes remontés dans les camions et on nous a conduits dans la zone des combats. Mais là non plus l'ennemi ne se montrait pas souvent. Il avait évacué des villages et des petites agglomérations, en nous les abandonnant sans résistance. Seuls des combats d'arrière-garde isolés éclataient ici ou là. Peter a été blessé, Heinz tué. Et puis de nouveau la pause. Nous avons eu le temps de nous laver et d'écrire des lettres. On parlait de tas de choses, mais presque jamais de ce qui était arrivé à Dniepropetrovsk... Je suis allé voir Peter. Il avait une balle dans le ventre, mais il était encore conscient. Il m'a reconnu et il m'a regardé avec des yeux suppliants. Je me suis assis à côté de lui et il m'a dit qu'il allait bientôt être évacué. Puis il a murmuré : "Les gens dans cette maison, tu sais..." et il a perdu connaissance. Pauvre Peter. Il est mort en pensant à ce qu'il avait jamais dû vivre de plus horrible... »

Des pas sonnent dans la galerie. Je regarde vers la porte qui peut s'ouvrir d'un instant à l'autre. Je me lève. Il s'en aperçoit.

« Je vous en prie, restez, l'infirmière est dehors, personne n'entrera. Je ne vais plus vous retenir longtemps, mais j'ai encore quelque chose d'important à vous dire. »

Je me rassieds à contrecœur, bien décidé à m'en aller à la première occasion, quand l'infirmière viendra.

Qu'a-t-il encore à me dire ? Qu'il n'est pas le seul à avoir tué des Juifs ? Qu'il est un assassin parmi beaucoup d'autres ?

« Nous avons reçu l'ordre d'avancer en direction de la Crimée. Donc de durs combats en perspective. D'après ce qu'on nous disait, les Russes s'étaient retranchés là-bas et pour nous ce ne serait plus une promenade comme jusqu'alors. On en viendrait au corps à corps, homme contre homme... »

Il s'arrête de plus en plus souvent. Apparemment, il a surestimé ses forces. Il respire très irrégulièrement et sa gorge est sèche. De la main, il cherche le verre d'eau.

Je ne bouge pas. Il suffit qu'il sente ma présence. Il trouve le verre et boit avidement.

Puis il soupire profondément et murmure : « Mon Dieu, mon Dieu ! »

Il parle de Dieu ? Mais il est absent, en congé, comme disait la femme du ghetto. Nous aurions tous eu bien besoin de lui, nous souhaitions tous ardemment déceler à nouveau quelque signe minuscule de son omniprésence.

Pour ce mourant et pour ses semblables, il n'y a pas de Dieu. Le Führer l'a remplacé. Et leur bestialité impunie ne fait que renforcer en eux la conviction que Dieu est une invention, une invention odieuse des Juifs. Ils ne se lassent pas de le démontrer. Et voilà maintenant ce moribond qui l'invoque ?

Pour nous, Il est vraiment absent. Nous ne l'avons ni banni, ni chassé, ni bafoué. Pieux et impies sont broyés par le même engrenage diabolique – et les enfants aussi qui n'ont pas encore eu l'occasion de pécher. Pourquoi Dieu a-t-il aussi abandonné les enfants ? Pourquoi a-t-il abandonné le petit Eli qui prenait les miettes des oiseaux, poussé par la faim ?

« Les combats en Crimée ont duré des semaines. Sans cesse nos pertes augmentaient. Des cimetières militaires s'ouvraient partout. J'ai entendu dire qu'ils étaient bien entretenus. Il paraît qu'il y a des fleurs sur chaque tombe. J'ai toujours aimé les fleurs, il y en avait beaucoup dans le jardin de mon oncle Franz. Je restais des heures couché dans l'herbe à regarder les fleurs et les feuilles... »

Il sait donc qu'il aura un soleil. L'assassin possédera encore quelque chose une fois dans la tombe. Et moi ?

« Nous approchions de Taganrog. Les Russes s'étaient retranchés dans cette localité. Nos lignes étaient à une centaine de mètres à peine de l'ennemi, dans une région vallonnée. Leur artillerie tirait sans arrêt. Nous étions recroquevillés dans nos abris et nous essayions de chasser la peur en nous passant des bidons pleins de schnaps. Nous attendions, crispés, l'ordre d'attaquer. Quand il est enfin venu, nous avons escaladé le rebord de la tranchée et foncé en avant. Tout à coup je suis resté comme enraciné. Quelque chose venait sur moi. Le fusil avec sa baïonnette au canon s'est mis à trembler dans mes mains.

« Et je les ai vus brusquement venir sur moi – la famille qui brûlait. J'ai vu le père avec l'enfant et la mère derrière eux – et ils venaient sur moi. "Non, je ne vais pas tirer sur eux une deuxième fois" – cette idée m'a traversé l'esprit... Et puis l'obus a éclaté contre moi. J'ai perdu connaissance.

« Quand je me suis réveillé à l'hôpital, j'ai su que j'avais perdu la vue. Mon visage a été criblé et le haut du corps aussi. Je suis plein de blessures. Une infirmière m'a raconté que pendant l'opération, le docteur a rempli un vase avec les débris de métal retirés de mon corps. C'est un miracle que je sois encore en vie – je suis presque déjà mort... »

Il soupire. Ses pensées tournent toujours autour de sa propre personne et il est plein de pitié pour lui-même.

« Les douleurs étaient de plus en plus intolérables, j'ai tout le corps criblé de piqûres calmantes... On m'a transféré d'un hôpital à un autre, mais jamais on ne m'a renvoyé chez moi... Je subis déjà le châtiment de mon acte ; je voulais rentrer chez moi, je voulais retrouver ma mère. Je sais ce que dirait mon père, avec sa sévérité inflexible, mais ma mère... elle verrait ça avec d'autres yeux. »

Je vois qu'il se torture, qu'il ne veut rien s'épargner.

De nouveau il cherche ma main, mais je l'ai retirée depuis un moment. Je l'ai glissée sous mon genou, il ne peut l'atteindre. Je ne veux plus être touché par la main de la mort.

Il recherche ma pitié. A-t-il droit à la pitié ? Il croit peut-être que je la lui dois parce qu'il en éprouve pour lui-même...

« Voyez-vous, dit-il, ces Juifs sont morts sur le coup, ils ont moins souffert que moi – mais bien sûr ils n'étaient pas coupables comme moi. »

Je me dispose à le quitter, moi, le dernier Juif dans sa vie. Mais il me retient de sa main blanche, vide de sang. D'où tire-t-elle sa force ?

« On m'a traîné d'hôpital en hôpital, mais pas chez moi. Oui, ça je l'ai déjà dit... Je sais bien ce qui m'attend et je suis couché là à penser encore et toujours à cette affreuse scène de Dniepropetrovsk. Si seulement j'avais déjà sauté le pas. Mais je ne peux pas encore mourir – bien que je l'aie tant souhaité... Plusieurs fois j'ai cru que le médecin me ferait la piqûre qui délivre, je lui ai demandé de m'endormir. Mais il n'a pas pitié de moi. Et pourtant je sais que dans d'autres cas, il a déjà libéré des hommes de leurs souffrances par ce moyen-là. Il a peut-être des scrupules à cause de mon âge. Sur la fiche au pied de mon lit, il n'y a pas seulement mon nom, mais aussi ma date de naissance et c'est probablement ça qui le retient. Alors je reste couché là, à attendre la fin. Et ce ne sont pas seulement les souffrances intolérables de mon corps qui me torturent, mais ma conscience qui me rappelle sans cesse ces scènes devant la maison en feu. »

Il s'interrompt et cherche ses mots.

Je me dis qu'il veut quelque chose de moi, car je ne peux supposer qu'il m'a fait venir uniquement pour que je l'écoute. Il devait bien avoir une raison quand il a demandé qu'on lui amène un Juif.

« Quand j'étais enfant, je croyais de toutes mes forces en Dieu et aux commandements de l'Eglise. A ce moment-là tout était beaucoup plus simple pour moi. Il me semble que maintenant encore – si j'avais gardé la foi – elle pourrait sûrement m'aider. Je ne

peux pas mourir... sans être en règle avec moi-même.
Oui, c'est ma prière. Mais qu'est-ce que c'est en
réalité qu'une prière pareille ? Une lettre sans
réponse... »

Il fait sans doute allusion à mon silence. Mais que
pourrais-je lui dire ?

Un homme gît là sur le seuil de la mort – un
assassin qui ne veut pas l'être, qui ne l'est devenu
que par la faute d'une idéologie impitoyable. Et il
confie ses forfaits à un homme qui tombera peut-être
demain, victime d'un semblable forfait.

Je lis clairement une contrition authentique dans
ses paroles, sans qu'il l'ait exprimée directement. Ce
n'était d'ailleurs pas nécessaire, car la manière dont
il a parlé, le fait même qu'il m'ait parlé, exprime avec
une extrême netteté le sentiment sincèrement
éprouvé.

« Croyez-moi, je serais prêt à souffrir encore
davantage et plus longtemps pour que ce crime de
Dniepropetrovsk n'ait jamais eu lieu. Combien de
jeunes Allemands de mon âge meurent en ce
moment sur les innombrables champs de bataille !
Ils ont combattu un ennemi armé. Et moi... je suis
ici, foudroyé, avec ma faute... Pendant les dernières
minutes de ma vie, vous êtes près de moi. Je ne sais
pas qui vous êtes, je sais seulement que vous êtes juif.
Et c'est assez. »

Je ne dis rien. Sur son champ de bataille, il a
« combattu » des hommes, des femmes, des enfants

et des vieillards sans défense. Je vois les torches humaines qui sautent par la fenêtre vers une mort assurée. J'aurais moi aussi pu me trouver parmi elles et mon souvenir faire qu'un membre de la SS ne s'abritât pas de l'obus qui se ruait vers lui.

Il se redresse et joint les mains, presque comme en prière.

« Je veux mourir en paix et pour cela il faut que... »

Je sens qu'il y a quelque chose qui ne parvient pas à passer ses lèvres. Mais je ne suis pas là pour l'encourager, pour l'aider. Je reste muet.

« Je sais, ce que je vous ai raconté est affreux. Pendant les longues nuits où j'attends la mort, je suis hanté par le désir de parler de tout ça avec un Juif... et de lui demander pardon. Seulement je ne savais pas s'il y avait encore des Juifs.

« Je sais que je vous demande beaucoup, presque trop. Mais sans réponse, je ne peux pas mourir en paix. »

Un silence étonnant emplit la chambre.

Je regarde par la fenêtre. De l'autre côté, la façade est maintenant presque complètement inondée de lumière. Je me dis qu'il doit être déjà tard, que le soleil est très haut. Seul un petit coin de la cour reste dans l'ombre.

Quel contraste entre l'éblouissement du jour et ce qui se passe dans cette chambre de mort !

Voilà un homme qui gît là dans ce lit et qui veut mourir en paix – mais il ne peut pas parce qu'il a commis un crime abominable, qui ne lui laisse aucun repos. Et à côté de lui un autre homme qui doit mourir – mais qui ne veut pas, parce qu'il entend assister à la fin de ce crime abominable.

Deux hommes qui ne se connaissent pas et que le destin a réunis pour quelques heures. L'un attend une aide de l'autre – qui en réalité ne peut rien pour lui.

Je me lève, je regarde dans sa direction, je regarde ses mains jointes. Un soleil paraît s'épanouir entre elles.

Ma décision est prise. Sans un mot, je quitte la pièce.

L'infirmière n'est plus devant la porte. Perdu dans mes pensées, j'oublie le présent et ne regagne pas la cour par la sortie de service. Comme j'avais l'habitude de le faire au temps de mes études, je descends le grand escalier qui mène à la porte principale et c'est seulement quand je me heurte aux regards offensés des soldats et des médecins que je me rends compte de mon erreur. Mais je ne reviens pas sur mes pas. Sans que personne m'arrête, je franchis le portail et vais rejoindre mes camarades.

Le soleil est au zénith.

Mes camarades, assis sur l'herbe, puisent dans leur écuelle à grands coups de cuiller. Je m'aperçois que j'ai faim, mais j'arrive encore à temps pour toucher quelque chose. L'hôpital nous fournit un repas.

Cependant mes pensées sont toujours auprès du SS mourant. L'événement pèse sur mes épaules d'un poids quasi physique ; ce que j'ai entendu m'a ébranlé jusque dans les profondeurs.

« Où est-ce que tu es resté si longtemps ? » me demande un détenu. Je ne connais pas son nom. Il s'est trouvé à côté de moi pendant tout le trajet entre le camp et l'hôpital.

« Je croyais déjà que tu t'étais tiré. On aurait eu une jolie réception au camp ! »

Je ne réponds rien.

Il recommence, curieux : « Tu as eu quelque chose ? » Et il regarde dans le sac à pain que je porte en bandoulière comme tous les autres prisonniers. Mais il est vide. Il me lance alors un regard méfiant comme pour dire : On t'a sûrement donné quelque chose, mais tu ne veux pas en convenir pour ne pas être obligé de partager avec nous.

Je lui laisse son idée et ne dis rien.

« Tu es fâché ? » Il insiste.

« Non. »

Après une courte pause, je me remets au travail. Les récipients que nous devons vider semblent n'avoir pas de fin. Les camions qui transportent les détritus quelque part en terrain découvert pour qu'ils soient brûlés accélèrent leur rotation.

Où diable emportent-ils tout cela ? Mais la question me paraît désormais sans aucun intérêt. Ce qui est important, c'est de partir d'ici.

Enfin nous pouvons arrêter le travail. Mais il faudra que nous revenions le lendemain matin pour charrier encore des détritus toute une journée. Quand j'entends cela, je me sens glacé.

Pendant le retour au camp, les askaris n'ont pas envie de chanter. Ils marchent sans un mot au flanc de notre colonne et pas une seule fois ils ne nous obligent à forcer le pas. Nous sommes tous éreintés et moi aussi, bien que j'aie passé des heures dans la chambre mortuaire. Des heures, vraiment ? Sans cesse je reviens par la pensée à cette scène spectrale.

Sur les trottoirs que nous longeons, toujours des badauds qui nous dévisagent brutalement. Je ne peux distinguer les visages, ils se ressemblent tous – probablement si semblables parce qu'ils sont si totalement indifférents à notre égard.

D'ailleurs, pourquoi en serait-il autrement ? Ils se sont déjà habitués à notre aspect. Que représentons-nous pour ces gens au bord de la rue ? Tout au plus, pour certains, un rappel à leur mauvaise conscience.

Je les regarde de plus près. Nous ne marchons pas très vite pour le moment, car devant nous une charrette à cheval nous oblige à conserver une allure mesurée.

Il y en a sûrement beaucoup parmi eux qui s'amusaient de bon cœur en voyant l'inscription « Jour sans Juifs » placardée sur l'école technique. Est-ce que ce sont seulement les nazis qui ont déchaîné sur nous ce malheur atroce ? Ou tous les autres aussi, qui regardaient tranquillement et sans protester, réduire des humains à un tel degré d'avilissement ? Sommes-nous même encore des humains à leurs yeux ?

Deux jours auparavant, de nouveaux arrivés dans le camp avaient raconté une histoire très triste mais aussi très révélatrice. On avait pendu trois Juifs en public. Les cadavres se balançaient encore à la potence et un farceur d'un genre un peu particulier leur avait accroché une feuille de papier portant les mots « viande kascher ». Cette plaisanterie macabre avait fait tordre de rire les assistants. Et les passants venus ensuite s'arrêtaient pour jouir du spectacle. Seule une femme s'était indignée de cette profanation – elle avait été rouée de coups.

Les nazis faisaient en sorte qu'il y eût une assistance nombreuse aux exécutions publiques, comptant bien produire un effet de terreur suffisamment fort pour paralyser toute tentative de résistance. D'ailleurs, ils connaissaient les sentiments antisémites d'une très grande partie de la population. Peut-être aussi voyaient-ils dans ces exhibitions un équivalent des *panem et circenses* de la Rome antique. Car, ainsi qu'on le racontait dans le camp, il ne manquait pas de gens auxquels elles plaisaient. Ils ne s'en lassaient jamais, ils les détaillaient avec délices, non sans les orner de fioritures supplémentaires quand ils les décrivaient en rentrant chez eux, comme s'ils avaient assisté à une séance de cirque.

Ce sont peut-être les mêmes qui nous dévisagent, plantés sur les trottoirs. J'entends pouffer – peut-être les muscles du rire sont-ils titillés chez eux à la vue de viande kascher en marche.

Arrivés à l'extrémité de la rue Grodezka, nous tournons à gauche dans la rue Janowska où nous sommes obligés de nous arrêter pour laisser passer une file de tramways bondés d'ouvriers rentrant chez eux après le travail. Des grappes humaines sont accrochées aux entrées et aux sorties, des hommes heureux, des hommes fatigués qui se hâtent de rejoindre leur famille pour passer la soirée ensemble, jouer aux cartes, discuter politique, écouter la radio – peut-être même des postes étrangers interdits. Tous ont quelque chose en commun : le rêve, l'espoir. Nous, au contraire, nous sommes réunis le soir, à l'heure de l'appel pour faire des exercices de gymnastique selon la fantaisie du führer de service. Pendant une heure ou deux, nous sommes obligés de faire des flexions jusqu'à ce qu'il se lasse de cette « plaisanterie ». Ou alors, comme si souvent, c'est la « vitamine B » qui nous attend, des planches qu'il nous faut porter pendant des heures entre des gardes formant la haie. Tous les travaux du soir, nous les appelons des vitamines et, au contraire des vraies, elles ont coûté la vie à nombre de camarades.

Si jamais il manque quelqu'un à l'appel, il faut attendre des heures pendant qu'on nous compte et nous recompte, puis finalement dix camarades sont pris au hasard dans les rangs et pendus ou fusillés. Pour l'exemple...

Le matin on recommencera et encore le jour suivant, jusqu'à notre fin.

Demain... Je pense de nouveau au SS mourant. Demain ou peut-être après-demain, il aura son soleil. Demain ou peut-être après-demain, c'est la fosse commune qui m'attend. D'un instant à l'autre, l'ordre peut venir de liquider la baraque où je couche avec mes camarades, ou même toutes les baraques. Ou encore, je peux faire partie des dix qui seront exécutés à titre d'exemple.

Il y a peu, le bruit a couru dans le camp que des nouveaux allaient arriver de province, auquel cas la place manquera dans nos baraques. Et si les autorités ne peuvent pas en trouver pour caser ces prisonniers supplémentaires, elles en feront. Le procédé est très simple : liquidation des anciens détenus afin d'avoir des locaux suffisants pendant quelques semaines. Cette opération, qui se reproduit à peu près tous les deux mois, renforce efficacement le déchet naturel. Et le but, qui est d'« épurer » la Galicie ainsi que Lemberg de tous leurs Juifs, arrive ainsi presque à portée de la main.

Les maisons étroites de la rue Janowska sont gris sale et portent les traces des combats violents. On voit sur les façades de nombreux points d'impact et, à bien des fenêtres, planches ou morceaux de carton remplacent les vitres. Dans cette voie qui est l'un des principaux accès de la ville, les Allemands ont dû enlever les blocs d'immeubles un à un.

Les rangées de maisons prennent fin et déjà, sur notre droite, celles des tombes commencent à s'allonger dans le cimetière militaire. Les soleils ont un tout autre aspect que le matin. Leurs fleurs se sont tournées dans une direction différente. Elles ont des reflets rougeâtres dans les rayons de la lumière à son déclin et tremblent doucement sous une brise légère.

Leurs couleurs – orange et jaune, or et brun – dansent devant mes yeux. Elles jaillissent d'une terre féconde – on distingue nettement les tertres noirâtres, les arbres rabougris qui leur servent de toile de fond et au-dessus du tout, un ciel bleu foncé, sans une macule de nuage.

Quand nous approchons du camp, les askaris donnent l'ordre de chanter et veillent à ce que nous marchions au pas. C'est qu'à partir de ce moment le commandant peut très bien être posté quelque part pour surveiller le retour des prisonniers. Il tient beaucoup à ce que ses joyeux pensionnaires quittent et réintègrent le camp aux accents de chants entraînants. Et les askaris ont bien entendu mission de l'aider à préserver ces apparences. Il faut que nous rayonnions de satisfaction – et le chant fait partie du tableau.

Malheur à nous si le simulacre n'est pas assez réussi pour le goût du commandant. Nous passons un mauvais moment. Mais les askaris aussi. Car, en définitive, ce ne sont jamais que des Russes.

Aujourd'hui le commandant ne paraît pas. A la porte, le chef des askaris présente son rapport, mais le garde SS ne nous regarde même pas. D'autres groupes de travailleurs sont rentrés juste avant nous et nous les suivons jusqu'à la place où l'appel va avoir lieu.

J'aperçois mon ami Arthur dans une de ces colonnes et nous échangeons des clins d'œil. Je brûle positivement de lui raconter ce qui s'est passé à l'hôpital. Je veux aussi en parler à Josek.

Je me demande avec une extrême curiosité ce que deux hommes aussi différents vont en dire.

Et puis je veux aussi m'entretenir des soleils avec eux. Pourquoi aucun d'entre nous ne les a-t-il encore remarqués ? Ils sont certainement en fleur depuis des semaines. Personne ne les a donc vus ? Ou bien n'ont-ils un sens que pour moi ?

Nous avons de la chance. Ce soir-là, l'appel est exceptionnellement vite achevé. Ma main se pose sur l'épaule d'Arthur qui se retourne.

« Alors, comment ça s'est passé ? Un boulot pénible ? » Il me sourit amicalement.

« Pas trop. Tu sais où j'étais ?

– Non. Comment le saurais-je ?

– A l'école technique supérieure.

– Vrai ? Mais je suis sûr que cette fois, c'était dans un autre rôle.

– Tu peux le dire. Ce que c'est que la vie.

– Tu m'as l'air un peu aplati. » Arthur voit juste.
Je ne réponds pas. La foule nous pousse dans la
direction de la cuisine. Sans l'avoir remarqué, je me
trouve dans la queue qui se forme pour la distribution des rations.

Arthur est devant moi.

Voilà précisément Josek qui sort, l'écuelle pleine,
et nous fait signe.

Nous touchons nous aussi notre ration et nous
asseyons sur les marches devant l'entrée de la
baraque. La grande place s'étend devant nous et je
regarde le va-et-vient. De petits groupes se forment
où l'on se raconte les événements du jour. Dans le
nombre, certains ont réussi à attraper pendant le
travail au-dehors quelques petites choses qu'ils
échangent maintenant entre eux.

Mes regards errent en direction du « boyau » ; c'est
un passage étroit, bordé de haies, qui entoure le camp
intérieur avant d'aboutir au pré où les exécutions ont
généralement lieu.

Souvent des prisonniers attendent deux ou trois
jours parqués dans cet enclos. Il s'agit d'hommes
pris dans les baraques, ou arrêtés dans la ville où
ils se cachaient. Comme on travaille « rationnelle-
ment », par fournées aussi importantes que possible,
il faut parfois attendre quelques jours avant que le
SS de service juge que le déplacement en « vaut la
peine ».

Aujourd'hui, il n'y a personne dans l'enclos. Arthur m'explique pourquoi : « Il y en avait cinq, mais ils n'ont pas eu à attendre beaucoup. Un type de notre baraque les connaissait ; il a dit qu'on les avait dénichés dans une cachette bien camouflée. »

Son ton est tout à fait tranquille, comme s'il racontait quelque chose de normal, de quotidien, qui va de soi.

« Il y avait aussi un enfant », poursuit-il au bout d'un moment, et cette fois on perçoit une certaine émotion dans sa voix. « Avec des cheveux blonds magnifiques. Il n'avait pas l'air juif. Ses parents auraient bien dû le confier à une famille aryenne, ça ne serait pas arrivé. »

Je songe aussitôt à Eli.

« Ecoute, Arthur, il faut que je te raconte quelque chose. J'ai vécu à l'école technique, qui est maintenant transformée en hôpital militaire, une expérience qui m'a bouleversé. Tu me riras peut-être au nez quand tu la connaîtras, mais je veux savoir ce que tu en penses et je crois que tu pourras me juger équitablement.

— Raconte.

— Non, pas maintenant. Je n'en parlerai que ce soir, ça vaudra mieux, parce que je voudrais que Josek soit là aussi. » Ai-je raison de leur raconter mon aventure ?

Voilà que soudain je pense aux hommes dans le « boyau », que l'on a encore abattus aujourd'hui.

Ce SS a-t-il plus d'importance qu'eux pour moi ? Peut-être vaut-il mieux ne rien dire du tout des heures passées dans la chambre du mourant et tout garder pour moi. Arthur, le cynique, dirait probablement :

« Regardez donc notre Simon ! Il ne peut pas oublier son volontaire de la SS, alors qu'à chaque heure, à chaque minute, des Juifs innombrables sont torturés et massacrés. » Et puis, il ajouterait quelque chose qui me blesserait profondément : « Tu t'es laissé contaminer, toi aussi, par les nazis. Tu crois maintenant que les Allemands nous sont supérieurs et c'est pourquoi tu penses continuellement à ce mourant. »

Après quoi il énumérerait tous les crimes commis par les nazis contre nous-mêmes et nos familles. Il ferait tant et si bien que j'aurais honte. Mieux vaut garder pour moi l'aventure qui m'est arrivée à l'hôpital.

Mais je veux au moins leur parler des soleils dans le cimetière militaire.

Je me rends sur la grande place et bavarde avec quelques détenus que je connais.

Tout à coup l'un d'eux me chuchote :

« Six ! »

C'est un mot convenu pour signaler l'arrivée des SS. Je retourne en toute hâte auprès d'Arthur et m'assieds à côté de lui. Deux Allemands se dirigent vers la baraque des musiciens et y entrent.

« Qu'est-ce que tu veux donc nous dire ? demande Arthur.

– J'ai changé d'avis, je ne raconterai pas mon histoire, vous ne me comprendriez probablement pas, vous vous moqueriez de moi, ou bien...

– Ou bien quoi ? Parle donc, voyons », insiste Arthur. Mais je me tais.

« Bon, comme tu voudras. » Il se lève et paraît fâché.

Deux heures plus tard, je parle tout de même. Nous sommes assis sur les grabats dans notre baraque étouffante, je raconte notre marche dans la ville et je décris les soleils.

« Aucun d'entre vous ne les a donc vus ? » Je pose la question à mes camarades qui écoutent avec intérêt.

« Si, bien entendu, je les ai vus, dit Josek. Qu'est-ce qu'elles ont de si extraordinaire, ces fleurs ? »

Je ne veux pas lui expliquer l'impression profonde qu'elles ont produite sur moi. Je ne dis pas que je jalouse en secret les Allemands de les posséder, ni l'envie enfantine qui s'est emparée de moi.

Arthur intervient : « Oui, c'est pour l'œil, les Allemands sont de grands romantiques. Mais pour ceux qui pourrissent sous terre, ça ne fait aucune différence. D'ailleurs, les soleils aussi pourrissent. L'année prochaine, on n'en verra plus trace et on plantera autre chose. Mais qui peut dire ce qui se passera l'année prochaine. »

Je continue mon récit. Je raconte comment l'infirmière est venue me chercher et m'a emmené dans l'ancien bureau du doyen, transformé en chambre mortuaire. Je parle à mes compagnons de souffrance des heures que j'ai passées, assis au chevet du volontaire de la SS mourant et de sa prière. Je leur parle de l'enfant que son père a entraîné dans la mort et je l'appelle Eli.

« Comment ce type savait-il le nom de l'enfant ? demande l'un d'eux.

– C'est moi qui le lui ai donné, dis-je, parce qu'il me rappelait un petit garçon que j'ai vu dans le ghetto de Lemberg. »

Je raconte, je raconte et quand je m'arrête un instant pour remettre un peu d'ordre dans mes idées, ils me pressent de continuer. Pourquoi n'ironisent-ils pas, pourquoi ne se moquent-ils pas comme je m'y attendais ? Cette histoire devrait pourtant déchaîner leurs sarcasmes.

Quand j'en arrive enfin au moment où le mourant m'a demandé de lui pardonner son crime, et où j'ai quitté la chambre sans un mot, je remarque l'ombre d'un léger sourire au coin des lèvres de Josek. Je suis sûr que c'est un signe d'approbation et je hoche la tête dans sa direction.

Quelques secondes de silence total qu'Arthur est le premier à rompre :

« Un de moins ! »

Ces trois mots expriment exactement ce que nous ressentons tous sur le moment – et pourtant la réaction d'Arthur ne me satisfait pas.

Un détenu appelé Adam, qui n'a pas perdu un mot, dit d'un ton pensif :

« Donc, tu as vu un criminel en train de mourir, c'est un spectacle que je voudrais pouvoir m'offrir dix fois par jour. Des visites à des malades de ce genre-là, je ne m'en lasserais jamais. »

Je comprends très bien son cynisme. Avant la guerre, il faisait des études d'architecte, mais à l'ouverture des hostilités il a dû tout abandonner, bien entendu. Pendant l'occupation russe, il a travaillé dans une entreprise de construction. Tous les biens de sa famille ont été nationalisés. Il est resté caché pendant des semaines avec les siens quand, durant l'été de 1940, a commencé la grande vague des déportations frappant toutes les personnes « de mauvaise origine sociale », autrement dit, les membres des classes possédantes.

Quand je l'ai rencontré pour la première fois après son arrivée dans le camp, il m'a dit :

« Tu vois, ça valait tout de même le coup de se cacher des Russes ; s'ils m'avaient déniché, je serais en Sibérie aujourd'hui, alors que je suis encore ici. Maintenant, est-ce un avantage ?... »

Il ne prenait absolument aucune part à ce qui se passait autour de lui dans le camp. Sa femme était restée dans le ghetto, mais il en avait peu de nouvelles. Elle devait travailler dans une entreprise de la Wehrmacht.

Ses parents avaient été tués dès les premiers jours

de l'occupation allemande. Il leur était très attaché. Il me faisait parfois l'effet d'un somnambule avec ses airs d'un autre monde. Il s'écartait de plus en plus de nous sans que nous sachions bien pourquoi. En somme, nous étions tous logés à la même enseigne, nous aussi nous avions perdu la plupart de ceux que nous aimions.

Le récit de mon aventure l'a visiblement arraché à son apathie.

Pendant un long moment, aucun de ceux qui m'ont écouté ne dit mot.

Arthur se lève et se rend vers les boxes, en face, où l'on donne des nouvelles de la radio. Les autres retournent aussi à leurs occupations.

Seul Josek reste assis à côté de moi.

« Figure-toi, me dit-il, pendant que tu nous racontais ta rencontre avec le SS, j'avais presque peur que tu te sois laissé arracher un pardon. Tu n'aurais pu le faire qu'au nom d'hommes qui ne t'en ont pas donné l'autorisation. Si tu le veux, tu peux pardonner et oublier ce que tu as subi personnellement. Dans ce cas, tu n'as de comptes à rendre qu'à toi. Crois-moi, ce serait un grand péché de prendre sur ta conscience les souffrances des autres. »

Je l'interromps : « Mais nous nous trouvons tous dans une communauté de destin où l'un doit répondre pour les autres.

— Attention, attention, mon ami, reprend Josek. Il y a dans la vie de tous les hommes des moments qui ne se reproduisent que rarement – et tu en as vécu un aujourd'hui. Crois-moi, bien que l'époque ne s'y prête pas, c'est l'occasion de porter en toute sérénité un jugement d'ensemble. Je sais bien que le problème n'est pas facile pour toi... On voit que tu n'es pas complètement satisfait de toi. Je peux te tranquilliser ; j'aurais agi comme toi. A une différence près, peut-être, je l'aurais fait en pleine conscience de mon acte, de propos délibéré, alors que tu as été guidé par ton subconscient. Aussi maintenant, tu ne sais pas si tu as eu raison. Eh bien, moi je te dis : tu as eu raison. Tu n'as pas souffert par sa faute. Tu ne peux pas pardonner ce qu'on a fait aux autres. »

Le visage de Josek s'illumine.

« Je crois au Haolam Emes – une vie après la mort dans un monde meilleur. Nous nous y retrouverons tous. Et qu'est-ce qui se passerait si tu l'avais absous ? Est-ce que tous ces morts de Dniepropetrovsk ne viendraient pas te demander : Qui t'a donné le droit de pardonner à notre assassin ? »

Je secoue la tête, pensif. « Josek, tu as trouvé une solution un peu trop facile, mais c'est sans doute le fait de ta foi profonde. J'aurais une foule de choses à t'objecter, bien que je ne veuille pas du tout reconsidérer mon attitude – à supposer que je le puisse. Je te dirai une seule chose et je me demande avec passion ce que tu auras à y répondre : cet homme témoignait d'un repentir sincère, authentique, il ne

cherchait absolument pas à excuser ce qu'il avait fait.
J'ai vu les tortures qu'il endurait... »

Josek m'interrompt.

« Ces tortures ne sont qu'une petite partie de son
châtiment – de son juste châtiment. Car il est écrit :
tu ne tueras point.

– Mais il n'a plus le temps d'expier son crime, ou
de le réparer.

– Le réparer, comment ? »

Là, il m'a amené où il voulait : je ne sais plus que
répondre. Je passe sur son interruption et tente
d'aborder le problème sous un autre angle.

« En tant que Juif, j'étais pour lui un symbole, je
représentais tous ceux avec lesquels il ne pouvait plus
parler. Et puis il m'a témoigné ce repentir de son
plein gré. Cela suffit à me prouver qu'il n'était pas
né criminel et qu'il ne voulait pas mourir criminel ;
ce sont les nazis qui en ont fait un homme capable
de massacrer d'autres hommes sans défense.

– Tu crois donc que tu aurais dû pardonner ? »

A cet instant, Arthur revient vers notre box. Il n'a
entendu que la dernière phrase de Josek et dit de sa
voix calme :

« Un homme de la race des Seigneurs a exigé d'un
sous-homme quelque chose de surhumain.

– Arthur, lui dis-je, j'ai repoussé la dernière prière
d'un mourant. Je n'ai pas répondu à sa dernière
question.

– Mais tu conviendras bien avec moi qu'il y a des

prières qu'on ne peut ni ne doit exaucer. Il aurait dû faire demander un prêtre de sa religion. Ils se seraient facilement mis d'accord. » Une ironie légère, à peine perceptible, teinte ces derniers mots.

« Pourquoi ? Est-ce qu'il n'y a pas de critères universels pour la faute et l'expiation ? Est-ce que toutes les religions n'ont pas leur propre morale, leurs propres réponses ?

– Probablement, oui. »

Il n'y a plus rien à dire. Dans ce cadre, à cette époque affreuse, tout ce qui peut être dit l'a été. Le sujet n'est plus abordé.

Comme pour nous distraire, Arthur nous donne les nouvelles qu'il a apprises. Mais je n'écoute ses paroles que d'une oreille.

Par la pensée, je suis toujours dans la chambre du mourant.

Peut-être Arthur a-t-il tort. Peut-être sa phrase sur la race des Seigneurs, le sous-homme et le surhumain n'est-elle rien de plus qu'une phrase, qui sonne bien mais n'apporte aucune solution réelle à la situation. Vis-à-vis de moi, le SS n'a pas du tout pris une attitude de superbe outrecuidance. Peut-être ne suis-je pas parvenu à restituer la réalité telle que je l'ai vécue, sous-homme voué à la mort au chevet d'un SS voué à la mort... Peut-être n'ai-je pas su rendre sensibles l'ambiance et le désespoir qui transparaissait si clairement dans ses paroles.

Soudain le doute m'assaille : est-ce que tout cela

s'est bien passé dans la réalité ? Est-ce que je suis bien allé aujourd'hui dans l'ancien bureau de notre doyen ?

D'un instant à l'autre tout me semble devenu douteux, douteux et irréel, comme notre destin en ces jours-là. Tout cela ne peut pas être vrai, ce ne sont que des songes nés de la faim et du désespoir... Tout me paraît si illogique – comme notre vie.

Dans les camps où l'homme est pourchassé, il a dû apprendre à se laisser pourchasser sans résistance. Dans cet univers, tout échappe aux lois de la vie normale, tout possède sa logique propre. Quelles règles pourraient encore s'appliquer ? Seule celle de la mort demeure, point de référence fixe auquel tout est rapporté. Seule elle est logique, sûre et irrévocable. Toutes les autres s'effacent devant elle, ce qui engendre une passivité générale. Nous nous redisons sans cesse que ses arrêts sont inévitables, que nous ne pouvons rien y changer et cette certitude a un effet paralysant. L'apathie dans laquelle nous avons sombré n'est que l'expression tangible d'une situation sans espoir.

Dans la nuit, j'ai vu Eli. Son petit visage paraissait encore plus blême et ses yeux étaient emplis de l'éternelle question muette à jamais sans réponse : Pourquoi ? Le père me tendait son fils et quand j'approchai, il lui cacha les yeux de la main.

Derrière les deux silhouettes une immense mer de flammes roulait, les chassant devant elle. Je voulus prendre l'enfant, mais il n'était plus qu'une masse sanglante...

« Pourquoi cries-tu ? Tu vas faire venir un garde ! »

Arthur me secoue par les épaules. La lueur de la pauvre ampoule du plafond éclaire son visage.

Je ne suis pas complètement éveillé. Il me semble qu'une tête bandée, constellée de taches jaunes aux formes grotesques, danse devant mes yeux. Est-ce aussi un rêve ? Je vois tout comme au travers d'un verre dépoli.

Arthur remarque que je suis encore à moitié endormi.

« Je vais t'apporter un peu d'eau. Tu as peut-être la fièvre. »

Il me secoue à nouveau et c'est seulement alors que je le regarde bien en face.

« Arthur, Arthur, je ne veux pas aller demain à la corvée d'ordures, je ne veux pas...

– D'abord, c'est déjà aujourd'hui et ensuite tu pourras peut-être te faire prendre dans un autre groupe. J'irai à ta place à l'hôpital. » Il essaie de me calmer.

« Est-ce que tu as peur des morts tout à coup ? me demande-t-il. Simplement parce que tu as vu un SS mourant ? Combien as-tu déjà vu de Juifs crever, sans hurler au milieu de la nuit ? La mort est une compagne qui ne nous quitte jamais, l'as-tu oublié ? Elle n'épargne pas non plus les SS.

« Tu venais juste de t'endormir, quand les gardes

de nuit sont entrés dans la baraque, ils ont pris un des nôtres qui était couché là-bas, tout à fait dans le coin. Ils l'ont emmené jusqu'à la porte et là il s'est effondré – il était mort. Réveille-toi, ressaisis-toi, regarde autour de toi et tu verras que tu donnes trop d'importance à cette conversation avec ton SS. »

Pourquoi a-t-il dit « ton SS » ? Pour me blesser ?

Il remarque aussitôt que je sursaute. « La sensibilité est aujourd'hui un luxe que nous ne pouvons plus nous offrir. Ni toi, ni moi.

– Arthur, je ne veux plus aller à l'hôpital.

– Si on t'y envoie, tu seras bien obligé d'obéir. Il y en a d'autres qui se battraient pour y aller, pour ne pas être obligés de rester jour après jour dans le camp. » Il ne paraît pas arriver à me comprendre.

« Je ne vous ai pas parlé des gens dans la rue. Je ne veux plus les voir. Et je ne veux plus qu'ils me voient. Je ne veux pas de leur pitié. »

Arthur abandonne. Il se retourne sur son grabat et s'endort.

Je m'efforce de demeurer éveillé. J'ai peur que le rêve se répète. Et puis soudain, je vois devant moi les gens de la rue. En même temps je me rends compte que la rupture avec le milieu dans lequel nous nous trouvons est désormais totale. On ne nous aime pas, nous les Juifs, et cela ne date pas d'aujourd'hui. Nos pères avaient quitté l'étroitesse du ghetto pour le vaste monde, durement travaillé et tout fait pour être reconnus par leur prochain. Mais l'entreprise est restée vaine. Si les Juifs se séparent de leur entourage, ils sont considérés comme un corps étranger. S'ils sortent de leur milieu propre pour s'assimiler, ils sont considérés comme des intrus, détestés et refoulés. Très tôt dans ma vie, j'ai constaté que j'étais né citoyen de deuxième classe.

Un homme intelligent a dit que les Juifs étaient le sel de la terre. Les Polonais trouvaient que la leur était trop salée. Aussi, au contraire des Juifs dans les autres pays, étions-nous mieux préparés à ce que les nazis nous réservaient. Peut-être, de ce fait, plus capables de résister.

Depuis notre naissance nous vivions avec les Polonais, nous grandissions avec eux, nous allions à l'école avec eux. Et pourtant nous restions des étrangers pour eux. Bien rares étaient les cas où une compréhension mutuelle s'établissait entre Juif et non-Juif. Et aujourd'hui encore rien n'a changé, bien qu'eux aussi soient asservis. Même dans notre malheur commun, nous sommes séparés par des barrières que nous ne parvenons pas à abattre.

Je ne veux pas voir ces gens, je préfère rester au camp, en dépit de tout.

Le matin, nous nous retrouvons à l'appel. J'espère que si je dois retourner à l'hôpital, Arthur pourra au moins m'accompagner. Au cas où l'infirmière reviendrait me chercher, je lui dirais d'emmener mon camarade à ma place. Mais il viendra peut-être quelqu'un des chemins de fer pour nous demander. L'inspecteur l'a promis à notre homme de confiance.

Arrive le commandant du camp. Il n'assiste pas toujours à l'appel. Hier il n'y était pas. Il tient un gros doberman noir en laisse. Le SS chargé du rapport et d'autres responsables prennent place à côté de lui.

On commence par dénombrer les détenus. Le compte y est.

Puis le commandant s'écrie : « Formez les kommandos ! Mêmes affectations qu'hier ! »

Remue-ménage considérable. Pour l'appel, les hommes ne se rassemblent pas par équipes de travail, mais par baraques. Le commandant trouve que le regroupement ne va pas assez vite. Il commence à rugir.

Le chien s'agite, tire sur sa laisse et nous attendons l'instant où le commandant va le lâcher. Mais la chance est pour nous aujourd'hui. Un planton arrive des bureaux et lui dit quelque chose. Peut-être l'a-t-on appelé au téléphone ; quoi qu'il en soit, il s'en va avec son dogue. Cela nous épargne la scène affreuse après laquelle des blessés et même des morts restent immanquablement sur le terrain.

A la porte intérieure, l'orchestre des prisonniers attaque une marche brillante tandis que nous nous mettons en branle.

Les gardes SS contrôlent attentivement les rangs qui défilent devant eux. De temps à autre ils arrêtent un homme qu'ils jugent en défaut. Il n'est peut-être pas au pas, ou bien il a l'air un peu plus affaibli que les autres. Il est destiné au « boyau ».

Ce sont les mêmes askaris que la veille qui nous encadrent. Un SS sort du poste de garde pour prendre la tête de la colonne.

En chemin, je me creuse la tête pour savoir où me cacher si l'infirmière me cherchait de nouveau. Mais aucune idée ne me vient.

A notre gauche, je vois surgir le cimetière avec les soleils. C'est là que le SS de l'hôpital va être couché bientôt. Je cherche à deviner la place qui lui est réservée.

Hier, mes camarades avaient regardé les fleurs, comme fascinés ; aujourd'hui ils leur jettent à peine un coup d'œil. Mais moi je suis les rangées les unes après les autres avec une telle attention que je manque trébucher contre le détenu qui me précède.

Dans la rue Grodezka, des enfants jouent sur le trottoir – des enfants libres, insouciants, qui ne se cachent pas dès qu'ils aperçoivent un uniforme. Est-ce qu'ils savent à quel point ils sont heureux ?

Le camarade qui marche à côté de moi me signale un passant sur le trottoir.

« Tu vois ce type avec un chapeau tyrolien ? Là, avec une plume !

– Oui, c'est sûrement un Allemand.

– Oui, si on veut. Maintenant, il est *Volksdeut-scher*, mais il y a trois ans encore, c'était un Polonais fanatique. Je le connais très bien ; à l'époque, il n'habitait pas loin de chez moi. Quand on pillait les magasins juifs, il y était et quand on rossait des Juifs à l'université, il y était aussi. Et quand les Russes ont cherché des fonctionnaires, il s'est certainement présenté. C'est un de ces individus qui se mettent toujours du côté du plus fort. Alors maintenant c'est un *Volksdeutscher*. Il a dû dénicher des ancêtres allemands quelque part dans sa généalogie. Je parie bien qu'il y a peu de temps encore il ne savait pas dix mots d'allemand. Mais les nazis ont besoin de gens comme lui. Je crois que seuls ils n'y arriveraient pas. »

Continuellement en effet on entend parler de ces *Volksdeutscher* qui s'efforcent d'être allemands à 150 %. Quand on travaille dans un kommando extérieur, il faut faire très attention de ne pas se frotter à eux, car ils sont bien obligés de prouver qu'ils ne détiennent pas pour rien une carte de ravitaillement spéciale. Beaucoup cherchent à compenser leur ignorance de la langue allemande en déversant des grossièretés sur les Polonais et les Juifs. Il faut qu'ils méritent leur situation privilégiée et ils sont trop contents d'avoir des Polonais et des Juifs sous la main pour cet usage.

Dès que nous arrivons dans la cour, les askaris se couchent sur l'herbe et commencent à rouler leurs épaisses cigarettes. Quant à nous, deux camions nous attendent. De nouveau les récipients débordent de détritus, les pelles sont appuyées contre le mur et chacun des prisonniers en empoigne une.

J'essaie aussitôt de monter sur un des véhicules, espérant que là l'infirmière ne me trouvera pas. Mais un infirmier a déjà donné l'ordre à quatre camarades de grimper sur la plate-forme.

C'est alors que je la vois qui va de l'un à l'autre, scrute brièvement chaque visage.

La scène d'hier va-t-elle se répéter ? Y a-t-il quelque chose qu'il a oublié de me dire ? Elle pourra toujours lui dire qu'elle ne m'a pas trouvé... Mais la voilà déjà contre moi.

« Venez avec moi, s'il vous plaît.

– Il faut que je travaille ici. » C'est tout ce que je trouve à lui dire.

Sans un mot, elle va trouver le soldat qui surveille notre groupe, lui dit quelque chose, me montre du doigt, puis revient.

« Posez votre pelle, déclare-t-elle brièvement, et suivez-moi. »

Je la suis, l'angoisse au cœur. Je ne suis pas en état d'entendre à nouveau un aveu comme celui d'hier. Cela dépasserait mes forces. Par-dessus toutes choses, je crains que le mourant répète sa demande de pardon. Je serais bien capable de céder, uniquement pour mettre fin à une scène aussi pénible.

Mais à mon grand étonnement, l'infirmière prend un autre chemin que celui de la veille. Où veut-elle donc me mener ? Peut-être au dépôt mortuaire.

Elle cherche dans un trousseau, tourne une clef et ouvre une porte. J'aperçois une pièce qui ressemble à un entrepôt. Sur des rayonnages de bois qui montent presque jusqu'au plafond, des paquets et des cantines.

« Attendez-moi ici, dit l'infirmière. Je reviens tout de suite. »

Le temps paraît s'être immobilisé. Qu'est-ce que je fais là ?

Au bout de quelques minutes, elle ressort de la pièce tenant à la main un ballot vert ficelé, probablement fait avec une toile de tente. Je vois, cousu dessus, un morceau de tissu blanc portant une adresse.

Soudain, des pas sonnent dans le corridor. Elle lance un coup d'œil inquiet dans leur direction et me tire à l'intérieur du magasin. Puis elle me regarde d'un air scrutateur et me dit :

« L'homme que vous avez vu hier est mort dans la nuit. J'ai dû lui promettre de vous donner aujourd'hui tout ce qu'il possédait. Sauf sa montre de confirmation que j'enverrai à sa mère.

– Je ne veux rien prendre, madame, envoyez tout à sa mère. »

Elle me tend le petit paquet, mais je ne le touche pas.

« Je vous en prie, envoyez tout à sa mère, l'adresse est là-dessus. »

Elle me regarde d'un air hésitant. Sur ce, je me détourne et la laisse sur place sans qu'elle fasse un geste pour me retenir. De toute évidence, elle ne sait pas de quoi le SS a parlé hier avec moi.

Dans la cour, je me remets au travail.

Un fourgon mortuaire passe contre notre équipe. Va-t-il déjà emmener le SS ?

« Eh, là-bas, tu dors ? » Un des infirmiers me rappelle à l'ordre.

Un askari qui l'a entendu s'approche aussitôt, son fouet à la main, une lueur quasi sadique dans les yeux, mais l'autre le renvoie.

Aujourd'hui, ce n'est pas l'hôpital qui nous fournit notre repas. Un camion apporte du camp l'ordinaire des prisonniers, une mixture grisâtre, collante et nauséabonde, pompeusement appelée soupe, que nous dévorons tous néanmoins avec avidité. Autour de nous, des soldats nous regardent comme s'ils assistaient au repas des animaux dans un zoo.

Je passe le reste de la journée dans une sorte de transe, au point que je me retrouve sur la grande place du camp sans me rappeler comment j'y suis venu. Je n'ai même pas vu les soleils.

Le soir, j'apprends la mort du SS à mes amis, mais je vois bien qu'elle ne fait aucune impression sur eux. En ce qui les concerne, le point final à toute l'affaire a été mis avec mon récit de la veille. Au reste, ils m'approuvent unanimement de ne pas avoir pris les affaires du mort. Josek déclare :

« Dans ton histoire il y a plusieurs choses qui demandent réflexion. J'aurais bien voulu en parler avec le rabbin Schlomo, malheureusement il n'est plus de ce monde. Il aurait su te démontrer clairement, sans doute possible, que tu as fait exactement ce que tu devais faire... mais maintenant, j'ai bien peur que tu ressasses continuellement cette affaire. Je crois pourtant très sincèrement qu'il ne faut plus te torturer la cervelle avec ça. Tu ne devais pas, tu ne pouvais pas lui pardonner, tu n'avais pas non plus à prendre ses affaires, en tout cela tu as bien agi... »

Au bout d'un moment, il reprend : « Le Talmud raconte... »

Arthur perd alors un peu de cette maîtrise de lui-même qui est d'ordinaire si inébranlable et crie presque :

« Josek, tu ne trouves pas qu'il est assez timbré comme ça ? Tu vois qu'il en rêve déjà la nuit, il pousse des hurlements qui risquent de provoquer une catastrophe. Si jamais un des gardes l'entend, il est capable de l'abattre sur place... Ça s'est déjà vu.

« Et toi » – maintenant il se tourne vers moi – « finis-en avec ça. Toutes ces subtilités ne mènent à rien. Si nous nous en sortons tous, ce que je ne crois pas, et si nous retrouvons un jour un monde sain d'esprit, habité par des hommes ayant le respect de leur prochain, il sera temps de discuter de cette affaire-là à fond. Il y aura des voix pour, des voix contre, des gens qui ne te pardonneront pas de ne pas lui avoir pardonné... mais jamais aucun de ceux qui n'ont pas subi dans leur corps ce que nous subissons en ce moment ne pourra comprendre tout à fait. Y penser, en discuter et épiloguer là-dessus maintenant, c'est un luxe que nous ne pouvons absolument pas nous offrir dans notre situation actuelle. »

Arthur a raison. Cette nuit-là j'ai dormi profondément, sans rêver à Eli.

A l'appel du matin, un inspecteur des chemins de fer est là – nous retrouvons notre ancien travail.

Plus de deux années passèrent, des années emplies de souffrances, et d'une perpétuelle attente de la mort. Un jour, je me trouvai moi-même sur le point d'être exécuté et seul un miracle me sauva.

Arthur n'était plus de ce monde. Il était mort dans mes bras pendant une épidémie de typhus. Tout au long de son agonie, je l'avais soutenu et essuyé l'écume sur ses lèvres. Pendant ses dernières heures, la fièvre violente l'avait rendu inconscient. Ce fut une grâce.

Adam se fit une entorse au travail. Le lendemain, comme il voulait retourner à son kommando, le garde remarqua qu'il boitait. Conduit dans le boyau, il dut attendre deux jours qu'on y amenât d'autres condamnés.

Josek était mort aussi, mais je ne devais l'apprendre que beaucoup plus tard. Notre groupe avait fini par être encaserné à la gare de l'Est et, un jour, de la main-d'œuvre supplémentaire fut envoyée du camp. Josek se trouvait parmi elle. Je pus m'occuper un peu de lui, parce que nous étions relativement bien traités. Nous avions des contacts avec le monde extérieur et une nourriture plus substantielle. Je parlementai avec notre homme de confiance pour garder mon camarade auprès de nous, mais sans succès parce qu'il était impossible d'obtenir des dérogations pour les isolés. Nous essayâmes aussi de persuader un des contremaîtres de demander des effectifs réguliers plus nombreux pour le travail – nouvel échec.

Et puis un jour, l'équipe arriva du camp sans Josek. Je demandai de ses nouvelles ici et là, on me dit qu'il était malade, alors qu'on l'avait affecté à un kommando intérieur chargé de creuser des tombes. Il avait une assez forte fièvre et quand les forces l'abandonnaient, il s'asseyait un peu dans les fosses. Deux fois ses camarades l'avertirent qu'un garde approchait. Mais il était beaucoup trop faible pour pouvoir se relever. Une balle l'avait abattu – pour punir sa « paresse ».

De ceux que j'avais connus pendant des années, presque tous étaient morts. Sans doute mon tour était-il venu.

Pourtant non, apparemment, il n'était pas encore venu. La mort ne voulait pas de moi.

Lorsque les Allemands reculèrent sous la poussée de l'Armée rouge, le camp fut évacué et un convoi de détenus, escorté par des gardes SS, se replia vers l'ouest... vers d'autres camps. Je connus ces lieux d'épouvante qui ont nom Plaszow, Gross-Rosen et Buchenwald, pour arriver enfin à Mauthausen, après une succession de « succursales ».

Là, je fus aussitôt enfermé au bloc 6, celui de la mort. L'écroulement total était proche, et bien entendu, en un pareil moment, une balle eût été trop bonne pour nous. Même sans cela d'ailleurs, la chambre à gaz fonctionnait à plein rendement et n'arrivait pas à écouler l'afflux des candidats à la mort. Nuit et jour une colonne de fumée au-dessus des crématoires témoignait jusqu'au ciel de la folie des hommes.

Malgré cela, les dépôts mortuaires ne désemplissaient pas. Dans de telles conditions, il devenait inutile d'accélérer le processus « naturel » de la mort. La sous-alimentation, l'épuisement et les maladies, le plus souvent bénignes en elles-mêmes, mais fatales pour des organismes aussi délabrés, assuraient un débit plus lent peut-être, mais aussi sûr.

Les détenus du bloc 6 n'étaient plus forcés de travailler. Nous ne voyions presque plus jamais de gardes SS. Nous ne voyions que les morts, emportés à intervalles réguliers par les camarades qui gardaient encore quelques forces, puis les nouveaux venus qui les remplaçaient.

La faim était grande, car nous n'avions presque rien à manger. Il est vrai que nous ne faisions rien non plus. Nous avions le droit de quitter la baraque tous les jours, pendant un court moment. Nous nous jetions alors par terre et nous arrachions l'herbe rare pour calmer un peu notre fringale. Evidemment, après une telle sortie, les croque-morts étaient débordés. Beaucoup d'entre nous ne supportaient pas cette « nourriture » et les cadavres s'entassaient bien haut sur les charrettes à bras qui circulaient sans arrêt.

Là, le temps ne me manquait pas pour réfléchir. Il était évident que la fin était proche pour les Allemands. Mais pour nous aussi. La machine de mort bien huilée marchait toute seule, dévorant les derniers témoins de ses crimes monstrueux. Je me doutais déjà à l'époque de ce que je devais apprendre par la suite avec certitude : les plans étaient prêts pour nous exterminer dès que les Américains approcheraient des camps.

« La liberté à une demi-heure et la mort à un quart d'heure », avait alors dit l'un d'entre nous.

Réduit à l'état de squelette, je ne bougeais plus de mon grabat. Tout ce qui m'entourait semblait estompé par un écran de brume. J'avais l'impression de voir au travers d'un rideau léger. Effets de la faim, sans doute. Souvent je sombrais dans une somnolence agitée.

Et une nuit, alors que je n'étais ni endormi ni éveillé, je vis devant moi le SS de Lemberg.

Pendant toutes ces années, je n'avais pas songé à lui. Il y avait plus important à faire. Et puis la faim vide le cerveau. Mais désormais, arrivé à un moment où tout ce à quoi je pouvais penser était usé à force d'avoir servi, où j'avais l'impression qu'il ne s'agissait que de jours ou au plus de semaines avant que moi aussi j'arrive à ma fin – alors je me souvins du SS et de sa mère.

Ses yeux n'étaient plus cachés sous les pansements, ils me regardaient par des fentes étroites entre les bandes, avec une expression irritée.

Il tendait quelque chose devant lui – le paquet que je n'avais pas voulu prendre à l'infirmière. Je poussai un cri.

Il y avait un médecin dans notre bloc, un jeune Juif de Cracovie avec lequel je parlais souvent. Cette nuit-là il était de garde.

Je me demande encore pourquoi on l'avait mis là. Il ne pouvait rien faire pour personne, car toute sa pharmacie consistait en quelques pastilles rouges, de composition mal définie, et un peu d'ouate de cellulose. Mais enfin on pouvait dire qu'il y avait un responsable de la santé des mille cinq cents condamnés à mort du bloc 6.

« Qu'est-ce que tu as ? » Il était déjà auprès de mon grabat. Nous étions obligés de coucher à quatre par box et bien entendu mes trois camarades étaient réveillés.

« Qu'est-ce que tu as ? répéta-t-il. Tu veux que je t'apporte un peu d'eau ?

– Non, j'ai rêvé, simplement, lui dis-je.

– Rêvé ? Voilà bien longtemps que ça ne m'arrive plus. Je voudrais bien rêver de nouveau. Je m'endors en souhaitant un rêve qui me transporterait hors d'ici, dans un autre monde. Mais mon souhait ne se réalise jamais. Je dors toujours sans rêver.

« C'était un beau rêve ?

– J'ai rêvé d'un SS mort qui venait vers moi, lui dis-je.

– Tu es marteau. J'aimerais bien moi aussi rêver de SS morts. Mais malheureusement, ils sont encore tous vivants. »

Je savais en avoir dit trop peu pour qu'il pût me comprendre. Mais j'étais trop faible pour tout raconter. D'ailleurs à quoi bon, dans le bloc de la mort dont aucun d'entre nous ne sortirait vivant ?

Je gardai donc le silence.

Cette nuit-là, un des camarades avec qui je partageais le box mourut. Autrefois, il avait été juge à Budapest... Maintenant sa mort signifiait simplement qu'il y aurait une place libre sur notre grabat. Et les trois qui survivaient encore se demandèrent s'ils allaient signaler le décès, car il devenait intolérable de coucher à quatre sur un cadre de deux mètres de long et un mètre de large. Mais bien sûr la place libre n'aurait pu être dissimulée longtemps.

Deux jours plus tard, un nouveau convoi arriva. On nous assigna un jeune Polonais, Bolek, qui venait tout droit d'Auschwitz. Ce camp-là aussi avait dû être évacué devant l'avancée des troupes russes.

Bolek était doué d'un caractère que rien ne

pouvait ébranler. Aucun coup du sort ne le décon-
certait et il semblait toujours un peu au-dessus de la
situation, quelle qu'elle fût. Pour une raison mystérieuse, il me rappelait Josek, bien qu'il ne lui
ressemblât en rien physiquement. Je le pris d'abord
pour un jeune paysan intelligent.

A Mauthausen, personne ne demandait à ses voisins leur origine ou leur profession. On attendait
qu'ils en parlent et s'ils ne le faisaient pas, nul ne s'en
souciait. Là, le passé n'existait plus, ni la classe sociale,
ni la situation. Tous étaient égaux – à une seule différence près : l'un mourrait peut-être avant l'autre.

Bolek nous parlait de ceux qui avaient péri lors du
transport d'Auschwitz à Mauthausen. Des centaines
étaient morts de faim pendant les interminables journées du trajet en chemin de fer, ou d'épuisement
pendant les interminables journées de marche, ou
fusillés parce qu'ils ne pouvaient plus avancer.

Un matin je l'entendis marmonner une prière
en polonais. La chose était inhabituelle, car dans les
camps de concentration on priait peu. L'innocent,
longuement torturé, perd aisément sa foi...

J'appris peu à peu que Bolek avait étudié la théologie, jusqu'au jour où on l'avait arrêté en pleine rue,
devant le séminaire de Varsovie. Interné à Auschwitz,
il y avait subi des tourments inhumains, car les gardes
SS, sachant qu'ils avaient affaire à un futur prêtre,
ne se lassaient pas d'inventer de nouvelles humilia-
tions pour lui. Mais sa foi demeura inébranlable.

Un soir où je ne pouvais dormir, dès que Bolek eut achevé ses prières, je lui racontai ma rencontre avec le SS à l'hôpital de Lemberg.

« Donc, ils n'étaient pas tous les mêmes », dit-il enfin, plus pour lui que pour moi. Puis il se redressa et demeura silencieux, le regard perdu.

« Bolek, insistai-je, sans les nazis, tu serais prêtre aujourd'hui. Qu'est-ce que tu penses de mon histoire ? Est-ce que j'ai bien agi ? Est-ce qu'il aurait fallu que je pardonne ? Est-ce que j'avais le droit de le faire ? Qu'est-ce que dit ta religion ? Qu'est-ce que tu aurais fait à ma place ?

— Arrête, attends un instant ! Tu m'accables de questions. Ne nous affolons pas. Je comprends très bien que tu aies constamment gardé cette affaire présente à l'esprit. Je suppose que ton subconscient n'est pas absolument satisfait du comportement que tu as eu à l'époque. J'ai cru le sentir dans tes paroles, si je ne me trompe. »

Bolek dit-il vrai ? Mon inquiétude, mon trouble proviennent-ils du subconscient ? Qu'est-ce qui m'incite à repenser sans cesse à cette rencontre ? Pourquoi ne l'ai-je pas rejetée derrière moi ? Pourquoi en somme n'est-elle pas terminée pour moi ? Cette dernière question me semble être la plus importante de toutes.

Il reste silencieux pendant quelques minutes, mais sans me quitter des yeux. Lui aussi semble avoir oublié le temps et le lieu.

« Je ne crois pas qu'il existe une différence fondamentale entre l'attitude des religions sur ce point.
S'il y en avait une, elle serait affaire de pratique plus
que de principe. Tu as certainement raison quand
tu dis que tu ne peux pardonner que les offenses
commises envers toi. Mais seulement, pense aussi à
l'autre aspect de la question : comment aurait-il pu
s'adresser à ceux qu'il avait lésés ? Ils étaient tous
morts.

– Tu ne crois pas qu'il exigeait de moi quelque
chose que je ne pouvais pas lui accorder ?

– Il s'est pourtant tourné vers toi parce qu'il voyait
tous les Juifs membres d'une même communauté de
destin. Et pour lui, tu faisais partie de cette communauté. Tu représentais sa dernière chance. »

Ces mots de Bolek me rappelèrent ce que j'avais
moi-même éprouvé pendant la prière de Karl. J'étais
en effet l'ultime chance de libérer sa conscience.
N'avais-je pas essayé de faire valoir cette objection
lors de ma conversation avec Josek ? Sur le moment,
il m'avait convaincu. Je m'étais estimé satisfait. Ou
bien n'était-ce qu'une apparence ?

Mais Bolek poursuivait :

« Je ne crois pas que cet homme t'ait menti.
Quand on voit la mort en face, on ne ment pas. Il
a apparemment retrouvé à son heure dernière la for-
mation religieuse qu'il avait reçue dans son enfance
et il est mort en paix parce que tu as entendu sa

confession. Pour lui elle était authentique et valable, même sans prêtre...

« Comme tu le sais certainement, il s'est libéré par sa confession – même si elle n'en était pas vraiment une – et il est mort soulagé, parce que tu l'avais entendu. Sa foi lui est revenue. Il est redevenu ce jeune garçon qui, comme tu le dis, avait une attirance profonde pour l'Eglise... »

Je l'interrompis alors.

« Attends un instant. Tu es tout à fait gagné à sa cause. Tu sais comme moi que dans leur écrasante majorité les SS n'ont pas été élevés en athées. Mais aucun n'a gardé vivant en lui l'enseignement de son Eglise.

– Il ne s'agit pas de cela, me dit-il. Moi aussi, pendant ces années sans fin à Auschwitz, j'ai beaucoup réfléchi à l'ensemble de la question. J'ai souffert avec des Juifs là-bas et si jamais je peux devenir prêtre un jour, je considérerai profondément ce que j'aurai à dire sur eux. Tu sais que l'Eglise polonaise a toujours été très antisémite... Mais restons-en à ton problème. Cet homme de Lemberg a manifesté un repentir sincère et authentique de ses méfaits – du moins, c'est ainsi que tu me l'as représenté.

– Oui, j'en suis convaincu aujourd'hui encore.

– Alors » – et une conviction profonde vibra dans la voix de Bolek – « alors, il avait mérité la grâce du pardon.

– Mais qui devait lui pardonner ? Moi ? Personne ne m'en avait donné le droit.

– Tu oublies une chose, c'est qu'il n'avait plus ni le temps d'expier son crime, ni la possibilité de réparer à l'égard des vivants le tort causé aux morts.

– C'est possible. Mais en faisant appel à moi, s'était-il bien adressé ? Je n'avais pas le pouvoir de lui pardonner au nom des autres. Qu'espérait-il donc de moi ?

– Vois-tu, dit Bolek sans hésiter, dans notre religion le repentir sincère est la condition essentielle pour la grâce du pardon... Or il s'est repenti ! De plus, tu aurais dû penser à autre chose : tu avais un mourant devant toi et tu n'as pas exaucé sa dernière demande.

– C'est bien là ce qui me hante. Mais il y a des demandes qu'on ne peut pas exaucer. Je dois admettre que j'avais pitié de ce jeune homme, mais la conscience de ne pas être l'instance voulue pour répondre à sa demande était plus forte que tout sentiment de pitié. »

Notre conversation se poursuivit longtemps, mais sans aboutir à une solution. Au contraire, Bolek, persuadé au début que j'aurais dû pardonner au mourant, ne cessait d'en être moins sûr, cependant que je me demandais de plus en plus si j'avais bien agi. Néanmoins l'entretien fut fructueux pour l'un et l'autre : un prêtre catholique et un Juif avaient développé leurs arguments et désormais chacun comprenait mieux les mobiles de son interlocuteur.

Quand vint enfin le jour de la libération, il était trop tard pour beaucoup d'entre nous.

La plupart des survivants se formèrent en groupes qui prirent la direction de leur pays. Bolek se joignit à ceux qui regagnaient la Pologne. Deux ans après, environ, j'appris qu'il était malade et depuis je n'ai rien pu savoir sur son sort.

Pour moi, il n'y avait pas de retour au pays. La Pologne était devenue un cimetière et si je voulais refaire ma vie, je ne pouvais pas la commencer sur des tombes, là où chaque arbre, chaque pierre me rappellerait la tragédie à laquelle j'avais échappé d'extrême justesse. Je ne voulais pas non plus revoir un seul de ces hommes qui portaient une part de responsabilité dans nos souffrances.

Peu après la libération, j'entrai dans une commission chargée de rechercher les criminels nazis. Ces années de souffrance avaient infligé de profondes blessures à ma croyance en un monde juste. Il m'était impossible de renouer les fils de ma vie là où ils avaient été si brutalement rompus. Grâce aux travaux de cette commission, j'espérais retrouver ma foi dans l'équité, dans l'humanité, dans tout ce qui est nécessaire à la vie de l'homme, en plus de la nourriture et du toit.

Pendant l'été de 1946, j'entrepris avec ma femme et quelques amis une promenade dans les environs de Linz. Nous étendîmes une couverture sur l'herbe pour admirer du haut d'une petite colline le paysage inondé de lumière. Comme je ne pouvais encore faire de longues marches, j'empruntai des jumelles à un ami pour voir au moins les beautés de la nature que mes jambes ne me permettaient pas d'approcher.

Et soudain, derrière un buisson, j'aperçus un soleil. Je me levai et me dirigeai lentement dans sa direction. C'est seulement en approchant que je remarquais la présence de nombreuses fleurs en cet endroit, mais aucune n'était aussi haute que celle qui avait la première attiré mon attention. Je restai un moment au milieu d'elles, perdu dans mes pensées, songeant au cimetière militaire de Lemberg, au SS mort qui avait sûrement un soleil planté sur sa tombe...

Quand je revins auprès de mes amis, ils me regardèrent avec inquiétude. « Comme tu es pâle ! » répétaient-ils.

Mais je ne voulais pas leur raconter la rencontre à l'hôpital. Depuis bien longtemps, je n'y avais plus songé. Et voilà que soudain ce soleil surgissait devant moi comme un avertissement. Pourquoi un avertissement ? Avais-je quelque chose à me reprocher ?

Je me rappelai alors avec quelle tendresse il m'avait parlé de sa mère et je vis nettement l'étiquette sur le paquet avec son nom et son adresse.

Deux semaines plus tard, un voyage m'ayant conduit à Munich, je profitai de cette occasion pour pousser jusqu'à Stuttgart. Je voulais voir sa mère et lui parler. Peut-être pourrais-je ainsi me faire une idée plus complète de la personnalité du mort. Ce n'était pas la curiosité qui me poussait, assurément, mais plutôt le sentiment mal défini d'un devoir... et le désir de dominer à jamais une expérience troublante.

Jour après jour, le monde parvenait à une connaissance plus précise de l'ampleur monstrueuse prise par les crimes nazis. Tout ce que l'humanité n'avait pas voulu croire parce que cela paraissait trop abominable était prouvé et démontré par des témoignages irréfutables. D'ailleurs, la force des nazis avait précisément été de commettre des actes qui devaient demeurer invraisemblables.

Aussitôt après la guerre, prêtres, philanthropes et philosophes prirent la parole pour appeler le monde au pardon. Il s'agissait pour la plupart de beaux esprits qui n'auraient pas oublié une simple gifle appliquée à leur propre personne, mais n'éprouvaient aucune difficulté à excuser le massacre de millions d'êtres. Les prêtres disaient que les criminels comparaîtraient devant la justice divine et que celle des hommes n'avait par conséquent qu'à s'effacer. Cela arrangeait admirablement les nazis, bien entendu. Ils ne croyaient pas en Dieu, ils avaient rompu avec l'Eglise, ils acceptaient donc allègrement leur jugement. Ils ne redoutaient que celui des hommes.

A l'époque, le voyage de Munich à Stuttgart restait encore assez difficile. Les trains étaient bondés, il fallait faire la queue pendant des heures pour avoir une place et, même ainsi, on n'y parvenait pas toujours. Mais enfin j'en vins à bout.

Ma première impression, en arrivant, fut que la ville n'était qu'une immense ruine. Partout des monceaux de décombres. Des gens habitaient dans les caves de leurs maisons détruites pour avoir un semblant de toit sur la tête. Un souvenir me revint à l'esprit, quelqu'un me disant pendant la « nuit de cristal [1] » : « Aujourd'hui, ils brûlent les synagogues, mais un jour viendra où leurs maisons aussi ne seront que cendres. »

Sur les pans de murs, des piliers et des poteaux restés debout, les familles dispersées placardaient de petites affiches pour tenter de se retrouver. Les parents cherchaient leurs enfants, les enfants leurs parents.

Je demandai le chemin du quartier où la mère de Karl devait habiter. On me dit que cette partie de la ville avait été dévastée par les bombardements et qu'il avait fallu évacuer les habitants en raison des risques d'écroulement. Mais j'étais venu à Stuttgart bien décidé à mettre en ordre les fragments d'un tableau et à l'achever. Comme il n'y avait pas de moyens de transport pour aller dans le quartier, je m'y rendis à pied.

---

1. Celle du 9 au 10 novembre 1938, où de nombreuses synagogues furent brûlées et des Juifs maltraités par les nationaux-socialistes à travers toute l'Allemagne. *(N. de la T.)*

Au bout d'un long moment, j'arrivai enfin devant un immeuble en partie détruit, dans lequel seuls les appartements du bas étaient à peu près utilisables.

Je gravis l'escalier poussiéreux, à demi démoli et frappai à une porte de bois traversée d'éclats. Je croyais déjà être obligé de repartir bredouille, car rien ne bougeait dans l'appartement, quand soudain le battant tourna en grinçant et une petite femme à l'aspect délicat me fit entrer.

« Vous êtes bien madame Maria S... ? lui demandai-je.

– Oui.

– Pourrais-je parler à votre mari ?

– Je suis veuve. »

Je jetai un coup d'œil à la pièce. Les murs étaient craquelés de fentes minces, le plâtre du plafond se détachait par places. Au-dessus d'une commode, la photographie d'un beau jeune homme aux yeux clairs était accrochée un peu de travers, un angle barré par un ruban noir. Aucun doute possible : c'était lui, le fils unique. Je m'approchai de lui pour regarder dans ses yeux, ses yeux que je n'avais jamais vus.

« C'est mon fils Karl », me dit-elle d'une voix triste, cassée. « Il est tombé au front.

– Je sais. »

Je ne lui avais pas encore expliqué qui j'étais, ni pourquoi j'étais là. Je n'avais même pas encore décidé ce que je devais lui dire. Pendant le trajet jusqu'à

Stuttgart, de nombreuses idées m'avaient traversé l'esprit. A l'origine, j'avais seulement éprouvé le besoin de voir sa mère. Mais attendais-je d'elle la confirmation de ce qu'il m'avait raconté ? N'espérais-je pas plutôt en secret une contradiction ? Elle aurait simplifié les choses pour moi. Ce sentiment de sympathie dont je ne pouvais me défendre aurait disparu.

Je me reprochai amèrement de n'avoir préparé aucun plan pour cette entrevue. J'étais planté là devant cette femme et je ne savais pas comment commencer.

Je restais devant le portrait de Karl dont je ne pouvais m'arracher les yeux. Sa mère s'en aperçut.

« Un si bon petit, mon fils unique. Il y en a eu combien de son âge qui sont morts ! Qu'est-ce qu'il faut faire, il y a tant de misère, tant de souffrance aujourd'hui. Je suis restée toute seule. »

Combien de mères sont restées seules, pensai-je. Elle m'invita à m'asseoir. Je regardai son visage ravagé, puis je me décidai :

« Je viens de la part de votre fils.

– Vraiment ? Vous lui avez parlé. Vous l'avez connu ? Il y a déjà presque quatre ans qu'il est mort. L'hôpital m'a envoyé un avis de décès et le peu d'affaires qui lui restait, ficelé dans un morceau d'étoffe. »

Elle se leva, alla ouvrir une vieille armoire. Puis elle posa sur la table le paquet que l'infirmière avait voulu me donner.

« J'ai réuni là ses affaires : sa montre, son calepin et quelques autres petites choses... Dites-moi, quand l'avez-vous vu ? »

J'hésitai quelques instants, car je ne pouvais pas détruire le souvenir que cette femme avait gardé de son « bon petit ».

« Je travaillais, il y a quatre ans, à la gare de Lemberg, commençai-je. Un jour, un train sanitaire avec des blessés qu'on ramenait de l'Est s'est arrêté à l'endroit où nous étions. Nous avons parlé par la portière avec certains. L'un d'eux m'a tendu un morceau de papier sur lequel il y avait votre adresse. Et il m'a demandé de venir vous voir de la part d'un camarade, si un jour cela m'était possible. »

J'étais soulagé d'avoir pu, malgré ma hâte, inventer une histoire plausible.

« Alors, vous ne l'avez pas vu ? me demanda-t-elle.

– Non. Il avait probablement une blessure trop grave pour pouvoir venir à la portière.

– Mais comment a-t-il pu écrire ce papier ? Il était blessé aux yeux. Toutes les lettres qu'il m'a envoyées étaient dictées à une infirmière.

– Il avait dû demander à un camarade de le faire pour lui, dis-je en hésitant.

– Oui, dit-elle pensive. C'est possible, mon fils m'était très attaché, il m'aimait beaucoup. Il profitait de toutes les occasions pour me faire parvenir quelques lignes. Avec son père, il ne s'entendait pas si bien et pourtant mon mari l'aimait autant que moi. »

Elle s'interrompit un instant et regarda autour d'elle, comme si elle cherchait quelque chose.

« Excusez-moi, dit-elle alors, je ne peux rien vous offrir. Je l'aurais fait bien volontiers, mais vous savez ce qu'il en est aujourd'hui. Je n'ai rien dans la maison et on ne peut à peu près rien se procurer. »

Je me levai et retournai à la photographie. Je ne savais pas par où commencer, je ne savais pas comment l'amener à me parler encore un peu de son fils.

« Décrochez donc la photographie, si vous voulez », me dit-elle gentiment.

Je le fis avec précaution et la posai sur la table.

« Il est en uniforme ? demandai-je.

– Oui, il avait seize ans, il était dans la Jeunesse hitlérienne. Mon mari en a été inconsolable, c'était un social-démocrate convaincu. Après 33, il a eu beaucoup de difficultés parce qu'il ne voulait pas entrer dans le Parti. Aujourd'hui, j'en suis très heureuse. Mais bien sûr à l'époque, fini l'avancement ; pendant toutes ces années-là, les autres sont passés devant lui. C'est seulement une fois la guerre déclarée qu'il est enfin devenu chef d'atelier. Mais un an presque jour pour jour après que nous avions appris la mort de Karl, l'usine a été bombardée – il y a eu beaucoup de victimes, dont mon mari. »

Dans un geste d'impuissance touchante, elle croisa les mains.

« Alors je suis restée toute seule. Je ne vis plus que dans le souvenir de mon mari et de mon fils. Je pourrais aller m'installer chez ma sœur, mais je ne veux pas quitter cette maison. Mes parents l'habitaient déjà et mon fils y est né. Ici, tout me rappelle ces années de bonheur et si je m'en allais, j'aurais l'impression de renier tout cela. »

Mes yeux rencontrèrent un crucifix pendu au mur. La femme avait suivi mon regard.

« Je l'ai trouvé dans les décombres d'une maison. Il était enfoui sous le monceau des gravats, il n'y avait qu'un bras du Christ qui montrait le ciel comme pour accuser. Comme personne ne s'en occupait, je l'ai pris. Depuis, je me sens un peu moins abandonnée. »

N'a-t-elle jamais pensé que Dieu avait été en congé et qu'il revenait maintenant à cause des ruines accumulées sur le monde ? Mais avant que j'aie pu pousser l'idée plus loin, elle reprenait :

« Ce qui nous est arrivé est un châtiment de Dieu. Aussitôt après la prise du pouvoir, mon mari a dit : "Ça finira mal" – et c'était vraiment prophétique. J'y repense tout le temps... Et puis un jour, notre fils nous a annoncé qu'il était entré à la Jeunesse hitlérienne. Quelle stupeur pour nous. Lui qui avait été élevé si religieusement ! Vous voyez, j'ai beaucoup d'images pieuses chez moi, dans la maison. J'avais dû enlever la plupart après 33 – mon fils m'y avait obligée – mais je les gardais soigneusement. Ses camarades se moquaient souvent de lui. Ils disaient qu'il était un têtard de bénitier. Souvent il me racontait des vétilles de ce genre-là, sur un ton de reproche, comme si c'était ma faute. Vous savez bien comme on montait nos enfants contre Dieu et contre leurs parents. Mon mari n'était pas très croyant non plus d'ailleurs. Il allait rarement à l'église et puis il n'aimait guère les prêtres. Mais il n'aurait pas permis qu'on dise un mot de notre curé. Karl était son favori. J'étais toujours si contente quand il faisait des compliments de lui... »

Les yeux de la mère s'emplirent de larmes. Elle prit la photographie et la contempla, quelques gouttes s'écrasèrent sur le verre.

J'ai vu autrefois dans un musée un tableau ancien représentant une mère qui tient dans ses mains le portrait d'un fils disparu. Il était devenu vivant.

« Ah ! soupira-t-elle, si vous saviez comme il était sensible, notre Karl. Il voulait toujours aider son prochain. Sans que personne lui demande, il allait chercher le charbon à la cave, il achetait des bricoles – il était tout heureux quand il pouvait m'aider au ménage. Et avec ça un élève modèle – jusqu'à ce qu'il entre à la Jeunesse hitlérienne. Alors il a changé tout d'un coup. A partir de ce moment-là, il n'est plus jamais allé à l'église. »

Elle se tut un instant et se moucha.

« On aurait dit qu'il y avait quelque chose de déchiré dans notre famille ; mon mari ne parlait guère comme toujours, mais je voyais à quel point il souffrait de tout cela. Quand, par exemple, il

voulait me parler d'un ami que la Gestapo avait
arrêté, il regardait autour de lui pour s'assurer que
son fils ne l'entendait pas... Je me trouvais entre mon
mari et mon enfant, impuissante. »

De nouveau, elle se perdit dans ses pensées.

« Et puis la guerre a éclaté. Un jour notre fils est
rentré à la maison en nous disant qu'il s'était porté
volontaire. Dans la SS, naturellement ! Mon mari a
été horrifié. Il ne lui a pas fait de reproches – il ne
lui a plus adressé la parole. Pas même le jour des
adieux. Karl est parti pour la guerre sans un mot de
son père.

« Du camp d'entraînement, il nous envoyait des
photographies et des lettres enthousiastes. Mon mari
repoussait les photographies sans les regarder. Il ne
pouvait pas supporter cet uniforme-là. Je lui disais
souvent : "Ecoute, nous sommes bien obligés de vivre
avec Hitler, comme des millions d'autres. Il faut nous
en accommoder. Tu sais bien comme les voisins nous
épient et puis tu auras des ennuis à l'usine."

« Il me répondait : "Je ne peux pas jouer la
comédie. Je ne peux pas, quand je pense qu'ils nous
ont même pris notre fils !" Oui, ça, il l'a dit quand
Karl nous a quittés. Et il n'aurait pas dû, parce qu'on
aurait cru qu'il ne le considérait plus comme son
enfant. »

Tendu, j'écoutais la vieille femme avec une attention passionnée. Je me gardais bien de l'interrompre
et hochais seulement la tête de temps à autre, car je

voulais en savoir davantage. Elle ne pourrait jamais assez m'en dire.

J'avais déjà eu maintes conversations avec des Allemands et des Autrichiens qui m'expliquaient comment ils en étaient venus au national-socialisme. La plupart disaient qu'ils lui étaient hostiles, qu'ils l'auraient rejeté s'ils n'avaient pas eu peur de leurs voisins. Et les voisins avaient peur d'eux. Ainsi, en faisant la somme de toutes ces peurs, on arrivait à une paralysie totale. Pourtant, ce n'était là qu'un aspect de la question. Il y avait certainement beaucoup de gens comme les parents de Karl. Mais le nombre de ceux qui n'avaient pas eu besoin de se contraindre parce que le national-socialisme représentait pour eux l'accomplissement de leurs désirs, parce qu'il était conforme à leurs penchants, parce qu'ils se sentaient arrachés à leur insignifiance grâce à lui, ce nombre était gigantesque. Que tous ces résultats dussent être obtenus au détriment des autres ne les gênait nullement. Ils étaient dans le camp des vainqueurs et ne se sentaient aucun point commun avec les vaincus – en dehors des rapports entre forts et faibles, bien souvent aussi entre race des Seigneurs et sous-hommes.

Cette lâcheté avait abouti à faire de leurs fils des assassins, bien qu'ils ne l'eussent assurément pas voulu. Mais le national-socialisme n'était pas devenu d'un jour à l'autre une organisation criminelle, il avait monté progressivement les rouages de sa machinerie exterminatrice – et tous ceux qui avaient dit oui au premier stade participaient à la responsabilité de l'ultime aboutissement.

Je regardai la femme en face de moi. C'était sûrement une bonne personne, une bonne mère et une bonne épouse. Elle avait dû éprouver souvent de la pitié pour les opprimés, mais le souci de son propre petit bonheur passait avant tout. Combien devait-il y en avoir des familles semblables, qui ne se souciaient que de la paix dans leur nid ? Elles ont été le marchepied qui a aidé les criminels à s'emparer du pouvoir, puis, par la suite, à le garder.

Fallait-il offrir à cette femme un vin pur de tout mélange ? Fallait-il lui expliquer ce que son « bon petit » avait fait ?

Quel pont pouvait exister entre moi qui aurais pu me trouver parmi les victimes de son fils et cette femme seule devant les ruines de sa famille et de son peuple ?

Je voyais son tourment et je connaissais le mien. Etait-ce cela le pont ? Est-ce que la souffrance est un pont ?

Je me posais la question, mais je n'avais pas la réponse.

« Un jour, ils ont pris les Juifs de notre ville. Même notre ancien médecin. La propagande disait seulement qu'on allait les installer ailleurs. Que Hitler leur avait donné toute une province où ils pourraient vivre tranquilles, entre eux. Mais après j'ai su la brutalité avec laquelle la SS s'y était prise. Mon fils était en Pologne à ce moment-là et il courait des bruits affreux sur ce qui se passait là-bas. Un jour mon mari m'a dit :

« "Karl est dans la SS. Il est peut-être en train de traiter notre médecin. Les Juifs sont envoyés en Pologne et là-bas la SS les prend en main. Oui, autrefois Karl a été traité par notre médecin – et maintenant c'est le contraire."

« Il n'a pas voulu m'expliquer ce qu'il entendait par là, mais je voyais bien que ses propres mots lui faisaient mal et moi aussi j'ai eu le cœur serré. »

Soudain, elle me regarda plus attentivement, d'un œil qui scrutait.

« Vous n'êtes pas allemand ? me demanda-t-elle en hésitant.

– Non, je suis juif. »

Elle se trouva alors un peu gênée. A l'époque, tous les Allemands se trouvaient gênés devant les Juifs.

« Ici, dans notre région, nous avons toujours vécu en très bonne intelligence avec les Juifs. Nous ne sommes certainement pas responsables de leur sort.

– Oui, dis-je, c'est ce que tout le monde prétend aujourd'hui et de vous, je le crois. Mais il y en a bien d'autres dont je n'accepterais pas ces mots-là. On discutera longtemps pour savoir qui est coupable. Mais une chose est certaine : aucun Allemand ne peut échapper à sa responsabilité. Même s'il n'a pas commis de faute personnellement, il porte au moins un lourd poids de honte. En tant que membre de son peuple, il ne peut pas descendre à la station qui lui plaît, comme le passager d'un tramway. Ce sera l'affaire de tous les Allemands de déterminer qui est coupable. Ce sera aux non-coupables de se désolidariser des coupables. »

Je m'étais blessé à ma propre épée. La femme me regardait avec tristesse. Elle n'était sans doute pas l'interlocuteur voulu pour mettre en accusation le comportement des Allemands.

Brisée, murée dans son chagrin, était-elle seulement capable de m'entendre ? Elle me faisait pitié, indiciblement. Je n'aurais sans doute pas dû dire tout cela.

« Je ne peux pas croire tout ce qu'on raconte. Je ne peux pas croire que toutes ces choses-là soient arrivées aux Juifs. Pendant la guerre, on colportait des tas d'histoires, il courait les bruits les plus invraisemblables. Il n'y avait que mon mari qui paraissait tout savoir, déjà à ce moment-là. Certains de ses camarades étaient allés dans l'Est, pour faire des montages, et, en revenant, ils racontaient des choses que même lui ne voulait pas croire et pourtant il jugeait le Parti capable de tout. D'ailleurs, il ne me racontait pas grand-chose. Il avait peut-être peur que je bavarde et nous aurions eu des ennuis avec la Gestapo. Ces gens-là nous en voulaient, et ils surveillaient mon mari de près. Mais comme notre Karl était dans la SS, ils ne nous faisaient pas de difficultés. Certaines de nos connaissances, par contre, en ont eu des tas – souvent elles étaient dénoncées par leurs meilleurs amis.

« Un jour, mon mari m'a raconté qu'un type de la Gestapo était venu le trouver à l'atelier, parce qu'il y avait beaucoup d'étrangers qui y travaillaient. Il enquêtait sur un sabotage. Il a parlé longtemps avec mon mari et puis il lui a dit : "Oh, vous, vous êtes au-dessus de tout soupçon avec votre fils dans la SS !"

« Quand il est rentré et qu'il m'a raconté ça, il m'a dit amèrement : "Ils ont mis le monde à l'envers. La chose qui me fait plus de peine que toutes les autres dans ma vie, c'est justement celle-là qui me protège." Il ne pouvait pas du tout comprendre ça. »

Je regardais cette femme, assise dans la pièce pleine de souvenirs. Je me la représentais parfaitement vivant là et prenant de temps en temps dans ses mains le paquet de son fils, ce dernier adieu, comme si c'était encore son enfant.

« Je crois qu'il s'est passé de bien vilaines choses. Mais Karl n'a sûrement rien fait de mal. Il a toujours été si droit. Comme j'aurais besoin de lui, maintenant que mon mari est mort... »

Je la regardai en songeant aux mères innombrables, restées seules, elles aussi.

Son fils ne m'avait pas menti, le foyer de ses parents était tel qu'il me l'avait représenté. Etais-je satisfait ? Il faut toujours être satisfait qu'on ne vous ait pas menti. Mais la solution de mon problème n'avait pas avancé d'un pas...

Je pris congé sans avoir ôté à cette pauvre femme la seule chose qui lui restât : la conviction d'avoir eu un fils bon et généreux.

Ce fut peut-être une erreur de ne pas lui dire la vérité. Peut-être aurait-on dû aller trouver toutes les mères pour leur dire la vérité. Peut-être leur clameur aurait-elle empêché que d'autres mettent au monde des enfants sans résistance devant le crime et qui oublient le commandement : « Tu ne tueras point ».

Mais l'idée ne fit que m'effleurer. Je savais que je n'aurais pas pu le dire dans ce cadre – et à cette mère. Même si je l'avais pu, elle ne m'aurait pas cru, cela ne pouvait se concilier avec l'image qu'elle s'était faite de son enfant.

Elle m'aurait considéré comme un calomniateur, plutôt que de croire au crime de Karl.

Elle répétait sans cesse : « C'était un si bon petit » – comme si elle attendait de moi une confirmation.

Mais je ne pouvais la donner. Le verrait-elle encore sous le même jour, maintenant, si elle savait tout ? Elle rejetterait les faits loin d'elle avec indignation et jusqu'à la pensée même de cette monstruosité.

Dans sa prime jeunesse, Karl était certainement « un bon petit ». Mais l'époque sans merci a fait de lui un assassin.

L'image que je me faisais de Karl se complétait. Elle était presque achevée dans la mesure où les circonstances le permettaient. Je connaissais aussi son aspect physique désormais, puisque j'avais vu son visage chez sa mère.

Je connaissais son enfance et je connaissais le crime qu'il avait commis. J'étais satisfait de ne pas avoir révélé ce dernier à sa mère. Je me disais que j'avais eu raison d'agir ainsi. Dans les circonstances où elle se trouvait, lui ôter le dernier bien qu'elle possédait encore eût probablement été aussi un crime. Je pense souvent au jeune SS. Quand je me trouve dans un hôpital, quand je vois une infirmière, quand je rencontre un homme portant un pansement à la tête.

Ou quand je vois un soleil...

Et je me dis que jour après jour il naît des hommes comme lui, qui demain peut-être se laisseront utiliser comme instruments de crimes abominables. L'humanité s'efforce sans relâche d'éviter ces catastrophes. Les progrès de la médecine permettent d'espérer qu'un jour toutes les maladies seront vaincues.

Parviendra-t-on à empêcher que des hommes comme lui deviennent des assassins ?

Du fait de mes activités, je rencontre de nombreux criminels. Je les recherche, j'entends des témoins, j'assiste à des procès – et je vois comment des assassins se comportent devant la justice.

Au grand procès des criminels de guerre de Lemberg, à Stuttgart, un seul des accusés a manifesté quelque repentir. Il a même reconnu des faits qui n'avaient eu aucun témoin. Tous les autres se sont gendarmés avec acharnement contre la vérité. Beaucoup d'entre eux « regrettaient » une seule chose : la présence de survivants qui pouvaient exposer leurs méfaits au grand jour.

Souvent j'ai essayé de me représenter comment ce jeune SS se serait comporté un quart de siècle plus tard, au banc des accusés. Dirait-il aujourd'hui ce qu'il m'a dit autrefois, dans l'ancien bureau de notre doyen ? Admettrait-il devant la justice ce qu'il m'a confié en face de la mort ? On peut aussi retourner la question : ceux qui comparaissent aujourd'hui devant les tribunaux se seraient-ils confessés s'ils avaient été, comme lui, blessés à mort ?

Peut-être le portrait que je me suis fait de Karl est-il plus beau que la réalité. Je ne l'ai pas connu au camp, un fouet à la main, mais sur son lit de mort – comme quelqu'un qui pouvait prétendre à être une exception.

Etait-il vraiment une exception ?

A cette question, je ne peux trouver de réponse. Car je suis bien obligé d'admettre que s'il n'avait pas été si grièvement blessé par des éclats d'obus devant Taganrog, il aurait eu l'occasion de commettre d'autres crimes. Le premier est toujours plus difficile que tous les autres. Le bouleversement provoqué en lui par ce premier assassinat l'aurait-il empêché d'en perpétrer un deuxième, un troisième ? Je connais avec assez de précision la vie de nombreux criminels nazis – aucun d'entre eux n'est né assassin. Autrefois, ils étaient tous de ces paysans, ouvriers, employés de commerce ou fonctionnaires, que nous croisions journellement dans la rue. Enfants, ils ont suivi les cours d'instruction religieuse dans leur école, aucun n'était originaire d'un milieu de criminels et pourtant ils sont devenus assassins, assassins par conviction, parce que, en endossant leur uniforme de SS, ils déposaient leur conscience au vestiaire, avec leurs vêtements civils.

Je sais comment ils ont réagi lors de leur premier crime, mais je sais qu'aucun n'avait à répondre devant la justice d'un « seulement ».

Quand j'entends les réponses insolentes, quand je vois les ricanements haineux des accusés, il m'est difficile de croire que le jeune SS aurait réagi de la même manière... Ce sont là des considérations qui plaident en sa faveur et pourtant, est-ce que je devais – est-ce qu'homme au monde devait l'absoudre ?

Aujourd'hui le monde exige que nous pardonnions à ceux qui ne cessent de nous provoquer par leur attitude. Il exige que nous tirions un trait comme si rien d'essentiel ne s'était passé.

Et beaucoup d'entre nous, qui ont souffert en ces temps d'horreur, qui vivent encore souvent par la pensée dans cet enfer, demeurent sans voix devant une telle exigence.

Cette question survivra à tous les procès et restera actuelle même en un temps où les crimes des nazis appartiendront à un passé très lointain. C'est pourquoi je la pose à ceux dont je crois qu'ils ont quelque chose à dire.

Qu'elle soit un appel, car les événements qui l'ont fait naître peuvent se reproduire...

Je sais que beaucoup me comprendront et approuveront mon attitude à l'égard du SS mourant. Mais je sais que d'autres, en nombre au moins aussi grand, me condamneront parce que je n'ai pas adouci la mort d'un assassin repentant.

« En juin 1942, à Lemberg, dans d'étranges circons-tances, un jeune SS à l'agonie m'a confessé ses crimes pour, m'a-t-il dit, mourir en paix après avoir obtenu d'un Juif le pardon. J'ai cru devoir lui refuser cette grâce. J'ai, ensuite, longtemps discuté de l'incident avec mes camarades de déportation et, après la libération, je suis allé voir la mère du jeune nazi mais n'ai pas eu le courage de lui dire la vérité sur son fils. »

Obsédé par cette histoire, j'ai décidé de la raconter et, à la fin de mon manuscrit, je pose la question qui, aujourd'hui encore, en raison de sa portée politique, philosophique ou religieuse mérite réponse : ai-je eu raison ou ai-je eu tort ? ».

S.W.

OLIVIER ABEL

Cher Monsieur,

Vous ne me connaissez pas et je vous écris comme on lance une bouteille à la mer, ou plutôt comme on l'y relance pour tenter de répondre à un message dont on ignore l'éloignement ou la contemporanéité. Je ne sais si c'est vous-même qui lirez ces lignes, ou si ce sont les enfants de vos enfants, dans un monde différent. Je m'appelle Abel. Fils aîné d'un pasteur protestant, dans mon école ardéchoise, j'étais souvent mis à part, « pas tout à fait comme les autres ». Et comme Empédocle se souvient d'avoir été fille et garçon, et oiseau et poisson muet dans la mer, je me souviens de ce sentiment incertain d'être à la fois préféré et banni. Croyez bien, cher Monsieur, que je ne dis pas cela pour rapprocher mon expérience de la vôtre, mais pour l'y rapporter, et vous allez voir pourquoi. Quand on faisait l'appel, au début de l'année sous les marronniers de la cour, ou pour un examen, j'étais toujours nommé le premier, toujours perdu, ne sachant ce qu'il fallait que je fasse. Et aujourd'hui, j'éprouve le même sentiment, la même confusion. Vous avez posé une question qui survivra à tous les procès, et comme à la question du Sphinx je m'avance à mon tour pour tenter d'y répondre. Je voudrais céder ma place, savoir ce qu'ont dit les autres, ce que diront les autres, mais je ne sais quoi me l'interdit : j'ai été nommé, me voici. Votre question n'est pas seulement irrévocable, elle est impérative, c'est un appel. Lancé il y a trente ans, et néanmoins contemporain. Immédiatement présent. C'est pourquoi j'écris *à vous*.

Pour y répondre, je dois pourtant me déplacer. Je pourrais garder votre question pour moi, redouter en y répondant qu'on se moque de moi. Votre narrateur exprime la même crainte, au moment de raconter son histoire à Arthur et à Josek. On pourrait le trouver très impudique, votre narrateur : en posant la question à ses amis connus et inconnus, ne fait-il pas ce qu'il reproche au SS de faire, de se tromper d'adresse, de s'adresser à quelqu'un qui n'est pas l'instance voulue pour répondre ? Ne serait-il pas ridicule et dérisoire, de ma part, de dire en quelque sorte : « Me voici, je vais répondre à votre question » ? Cher Monsieur, vous savez que celui qui vous répond se place dans la position de celui qui peut dire *qui* peut pardonner. Qui suis-je pour donner des places, pour donner au narrateur sa place, et me donner à moi-même une telle place ? Mais dans le même temps, cher Monsieur, vous savez que ne pas vous répondre est encore une manière de répondre, que nous voici tous, sinon responsables du moins répondants : et vous avez raison de placer cette question sur la place publique, à l'orée de l'espace commun d'apparition. Ce n'est pas une question très privative, très morale et très spirituelle, d'accord avec soi-même. C'est une question politique, sous laquelle nous faisons cercle, debout, égaux, dressés face au même événement. Contemporains enfin. Contemporains les uns des autres par cette interrogation.

C'est la seule chose qui m'autorise à répondre à votre question, à vous qui l'avez posée il y a trente ans, dans un autre temps, dans un autre monde. Il n'y a rien de très évident à cela, à ce déplacement par lequel, à partir d'une question qui ne s'adresse pas à nous, nous venons nous placer en face d'elle. Car avec le temps les écarts deviennent irrémédiables. Dans son ouvrage sur le pardon, Vladimir Jankélévitch montrait le décalage temporel de la rancune, en la comparant à un tir dont la cible serait en mouvement, et non immuable dans sa culpabilité, mais dont la visée ne tiendrait pas compte de ce mouvement : un tir vers une place vide ! Le rancunier s'en prend à une place vide. Tout le désespoir du ressentiment tient dans cette impuissance : le ressentiment ne sait même pas à qui en vouloir. Et il observe que tous avancent bon gré mal gré, mais inégalement vite, sur la route du temps. D'où ce sentiment de quiproquo général, d'incompréhension, d'incommunicabilité.

On croit que face au mal tout le monde tombe d'accord. Quelle naïveté ! Avec le temps je m'aperçois qu'il n'est guère de sujet sur lequel nous divergions davantage. C'est pourquoi il est si difficile de construire une morale universelle basée uniquement sur le combat commun contre le malheur. Le malheur n'est jamais commun, et c'est ça le malheur. C'est du moins ce qui en rajoute interminablement au malheur. Nous ne voyons pas le mal au même endroit, et sur le mal nous différons. Sur le même fait brutal, nous sommes comme obligés d'interpréter différemment, de différer, de rendre sens, de même que devant votre question nous interprétons différemment notre responsabilité ou simplement notre répondance. A fortiori avec l'écart des générations : ce qui était bonheur et idéal pour les parents devient dégoût et malédiction pour les enfants, et pour revenir à la question, ce qui était pardonnable devient impardonnable, ou vice versa. Que se passe-t-il quand disparaît la génération contemporaine du désastre, celle qui en fut victime, et coupable, et témoin ? Que se passe-t-il quand cette onde de choc nous fait passer le mur de la génération ? Ceux qui se souvenaient bien trop pour ne pas chercher à oublier laissent la place à ceux qui ne se souviennent pas assez pour qu'on ne cherche pas à leur rappeler.

Les conditions du pardon sont profondément bouleversées par ce décalage généralisé.

Mais assez différé. Vous voyez, cher Monsieur, où je veux en venir avec mes histoires de places. Car on ne peut pas se pardonner à soi-même : c'est l'autre qui me permet de me voir autrement, et cela suggère une différence de point de vue, une différence de place. Je pense que votre narrateur a bien fait : il ne pouvait pas pardonner ce qui avait été fait à d'autres, comme l'observe à un moment Josek formulant les bonnes raisons qu'a eues le narrateur de ne pas pardonner. Celui qui pardonne doit être celui qui a subi le tort, et nul ne peut usurper cette place. Comme l'écrivait jadis Emmanuel Lévinas, pensant à la même chose, pour moi je peux pardonner, mais pour les autres je demande justice. C'est la première condition d'un pardon moralement possible, d'un pardon à condition de justice. Il y a une autre condition du pardon, semblable à la première, et qui se trouvait remplie dans l'histoire de Simon et du SS mourant : on ne peut pardonner qu'à celui qui a reconnu son tort, et lorsqu'à la fin de votre récit vous parlez des anciens bourreaux qui n'ont jamais demandé pardon (Jankélévitch parlait de leur prospérité et les traitait de cochons), vous avez raison. J'ajouterai ici encore que nul ne peut usurper cette place : personne ne peut se repentir à la place d'un autre. Le pardon à cet égard est même plus proche de la vengeance que de la justice : la justice veut séparer les protagonistes, rétablir la paix sociale, elle ne connaît rien d'imprescriptible ; le pardon, quant à lui, se moque des prescriptions et des amnisties : la mémoire qu'il interroge survit à tous les procès. Le pardon ne se laisse pas déposséder par un tiers, alors que la justice interdit à chacun de *se* faire justice en personne, qu'elle introduit justement un tiers, tout un écran de représentations et de règles protectrices. Le pardon est plus archaïque que cela, plus immédiat. C'est pourquoi je discerne mal ces figures de la communauté de destin dont parle Bolek à Simon, reprenant d'ailleurs les mêmes arguments que Simon opposait plus haut à Josek : je ne vois pas ce que l'appartenance à la même communauté autorise en matière de pardon. Et je ne comprends pas bien aujourd'hui ces représentants de la mémoire qui se lèvent cinquante ans plus tard pour demander pardon ou pour accorder le pardon, sur ce qu'ils ne *savent* pas. Je ne connais pas de mémoire à ce point collective qu'un représentant puisse se souvenir ou oublier à notre place, faire ce travail en économisant à tous les autres, à chacun d'eux, de le faire. Un tel pardon, pour reprendre le mot de Jankélévitch, serait un pardon immoral, une farce.

Votre narrateur a bien fait de ne pas pardonner, car les conditions du pardon n'étaient pas entièrement réunies. Le pardon n'est pas une parole ou un geste sublime et magique, qui effacerait par enchantement ce qui a eu lieu, indifféremment des interlocuteurs et du contexte. C'est tout un travail que d'en rassembler les éléments, de les mettre en présence. Et le pardon demandé n'est pas le pardon obtenu. Allons plus loin, et admettons non seulement que le SS demandait bien pardon, mais que Simon était bien celui qui avait subi le tort et qu'il était vraiment autorisé à pardonner : il est probable qu'on ne puisse de toute façon vraiment pardonner que ce que l'on peut vraiment punir. Or cela suppose un contexte où le rapport d'intimidation a suffisamment changé pour que l'on puisse clairement désigner les places, imputer les souffrances et les crimes, et les punir. Dans le cas dont vous parlez, le crime était trop grand pour être jamais puni, et le contexte a tellement changé que les criminels presque autant que les victimes ont disparu. Vous écriviez que le monde exige de vous que vous tiriez un trait : mais les conditions du pardon ne sont pas davantage réunies maintenant que jadis, et je ne vois pas qui pourrait exiger de vous, et moins encore de vos enfants, une chose pareille.

Quoi donc ajouter à votre récit ? L'espace blanc ouvert par votre question, par votre convocation, est de toute façon plus juste que toutes les réponses marginales par lesquelles nous pouvons l'interpréter, et c'est à cet espace que je veux faire place, à d'autres témoins dont j'espère qu'ils sauront répondre autrement. J'ai tenté pour ma part de distinguer les conditions d'un pardon moralement possible et, dans la cohérence avec ces conditions, je soutiens l'impossibilité du pardon dans la situation décrite par votre narrateur.

J'allais achever ainsi, cher Monsieur, et ma plume porte encore l'hésitation entre plusieurs politesses, quand je m'arrête, saisi de honte. Vous n'êtes pas là, et pourtant je sais que je n'ai pas vraiment répondu à votre question. Vous ne cherchiez pas à mettre chacun à sa place, sinon vous ne vous seriez pas déplacé, vous n'auriez pas rédigé un récit qui mette en scène de tels déplacements, un tel bougé. Et vous ne nous auriez pas obligés ainsi à nous déplacer, à venir sur cette place publique où vous posez la question. Vous semblez avoir recherché, nommé et formulé, bien avant nous, toutes les conditions d'un pardon moral, juste, conditionnel : et mieux que quiconque vous saviez qu'elles n'étaient pas réunies. Et vous avez posé la question quand même, à côté de ce résultat ; vous avez posé la retenue d'une tout autre question, d'un tout autre pardon. J'ai honte, parce que vous me poussez plus loin que ce que je viens de dire, qui me semblait pourtant bien assez ; vous voulez que je vous dise moi aussi le fond de ma pensée, que je me découvre là même où je ne sais plus quoi penser. Que je réponde là même où je ne sais plus quoi répondre.

Par où recommencer ? Vous l'écrivez vous-même : dans de telles circonstances on n'a jamais raison, comme dans les situations proprement tragiques où

un chœur de protestations, d'opprobre et de lamen-
tation s'élève quoi que vous fassiez. Mais aussi bien
on a toujours raison, comme si une sorte de subconscient portait nos paroles et nos gestes vers leur
juste place, vers leur vérité, et comme à notre insu.
C'est ce que répond Josek, à la question de Simon :
« D'intuition tu as fait ce qu'il fallait faire. » N'en
cherche pas les raisons. Au fond, dans de telles conditions, il n'y a plus de morale, il n'y a plus de règle,
on n'est plus dans le monde ordinaire, où l'on pardonne aux autres ce qu'on voudrait qu'ils nous
pardonnent, sans voir qu'on leur pardonne ainsi ce
qui est pour eux l'impardonnable, et qu'on ne leur
pardonne pas ce qu'ils nous ont pardonné depuis
longtemps. Dans de telles conditions, dans des temps
si sombres, la pupille morale se dilate ; on voit ce
qu'on ne verrait pas. C'est la pénombre de la nuit
dans le camp : Simon, le narrateur, se racontant et
retournant dans sa tête sa rencontre avec le SS, le
sait déjà. Le pardon ici est toujours immoral. Le
pardon dont vous parlez, à partir du point où vous
ne croyez plus à un pardon juste parce que vous ne
pensez pas que justice sera jamais possible, se fout
de la morale ordinaire. Il peut être supra-moral ou
infra-moral ; il peut être un acte sublime et quasi
impossible, tellement extra-ordinaire qu'on ne sait
jamais s'il arrive, ou il peut aussi bien être un processus simplement nécessaire à la survie biologique,
psychique ou sociale ; mais il n'est jamais si claire-

ment moral que le jugement puisse être catégorique
et que tout le monde soit obligé de dire à quelqu'un
qui a pardonné ou qui n'a pas pardonné : « Là, vous
avez (ou n'avez pas) eu raison. » Demandant le
pardon, j'espère que l'autre m'accordera son pardon,
le partagera, comprendra ma demande ; mais je
ne peux l'y obliger. Pardonnant, j'espère que l'autre
recevra mon pardon, le comprendra, le partagera,
mais je ne peux l'y obliger.

Et pourtant, si l'on attendait que les conditions
du pardon soient réunies, il n'y aurait jamais de
pardon. Peut-être d'ailleurs n'y a-t-il jamais de
pardon ? Peut-être ne le faut-il pas ? S'il suppose que
l'on pardonne de telle sorte que non seulement celui
qui pardonne oublie aussitôt être celui qui a pardonné, mais que celui à qui il est pardonné est à ce
point bouleversé qu'il ne comprend plus celui qu'il
était auparavant, et que l'un et l'autre peuvent se dire
l'un à l'autre « non, c'est moi », jusqu'à mélanger
leurs mémoires et redistribuer leurs passés, alors le
pardon disparaît au moment de son apparition. Il
disparaît rien qu'à prendre conscience de lui-même.
Le geste qui chasse la mouche autour de la tête du
mourant, voilà peut-être le pardon qui a eu lieu, mais
on ne doit pas savoir qu'il est arrivé. Il est aussi
imperceptible et pourtant aussi sensible que dans le
souvenir d'enfance de Simon, ce prophète invisible
qui ne boit qu'une larme : il ne se voit pas. Quelle
serait cette parole en même temps assez puissante et

assez sainte pour rompre avec les intimidations de l'oubli et pour rompre avec le culte de la dette ? Pourquoi la parole est-elle brisée ? Pourquoi avons-nous des paroles puissantes mais pas très saintes, ou des paroles saintes mais pas très puissantes ? Pourquoi avons-nous des paroles tellement justes que pour faire une petite place aux enfants à naître il faut vraiment se battre, ou des paroles tellement saintes et insouciantes de soi que le deuil des morts ne pèse plus que dalle ? Est-il simplement possible de rompre avec l'oubli et avec la dette, du même geste ?

Car le pardon sait que tant que l'on n'a pas brisé le couvercle du silence et de l'amnésie les crimes passés ne sont pas finis, que les plus vieilles blessures sont prêtes à se rouvrir, comme au premier jour. Peut-on oublier l'irréparable ? On a cru oublier, mais simplement on était « amnésique », tant le trauma-tisme avait été profond. Tant que l'on n'a pas rompu avec l'oubli, avec la loi du silence, du refoulement des plaintes et des colères, le passé oublié est toujours présent, il se répète, il se reproduira encore. L'horreur n'est pas finie parce qu'elle est « oubliée », elle se poursuivra infiniment tant qu'une parole n'aura pas rompu avec l'oubli et accepté de faire mémoire. Car c'est en reconnaissant ce qui s'est passé que l'on rompt avec la continuation du passé dans le présent. Et le pardon rappelle le passé, non seulement le passé de tous les vaincus et de tous les malheurs qui ont eu lieu, mais celui de toutes les promesses de vie et de bonheur qui ont été écrasées. Le pardon sait cependant aussi que tant que l'on n'a pas rouvert la possibilité de vivre ensemble le présent, la logique infernale du ressentiment se transmet et s'amplifie avec le temps et les générations. Peut-on vraiment se souvenir de l'irréparable ? Faut-il entretenir une dette infinie comme on ressasse un ressentiment, une cicatrice incicatrisable et qui n'a plus rien à voir avec la blessure ? Le ressentiment fait que l'on réagit à tout comme s'il s'agissait toujours de la même chose, et il rend incapable de réagir à autre chose, d'agir à nouveau. Cette mémoire malade est incapable de se souvenir d'autre chose, et le pardon est alors comme une guérison : une parole qui, parce qu'elle a fait le deuil de l'irréparable, parce qu'elle a consenti à la mortalité, fait place à la naissance, à la possibilité que tout puisse recommencer autrement. Le pardon, qui a su arrêter le passé, fait que le monde ne soit pas fini.

Mais cela n'est-il pas un rêve ? Kundera, d'une manière inimitable et tellement caractéristique de l'Europe centrale contemporaine, avançait naguère dans *La Plaisanterie* que « personne ne réparera les torts commis, mais tous les torts seront oubliés ». Quel formidable défi pour une histoire occidentale, au faîte de l'accumulation, et qui croit parfois pouvoir trop facilement se souvenir de tous les irréparables ! Mais peut-on se souvenir de l'irréparable, le retenir ? Et peut-on oublier l'irréparable ?

Léo Ferré chantait qu'« avec le temps va, tout s'en va », comme si le temps détruisait jusqu'à l'irréparé. Et Jacques Brel répliquait qu'« on n'oublie rien de rien, on s'habitue, c'est tout » ; comme si d'autres irréparables venaient relativiser les premiers, des plis multipliés en tous sens venant froisser le premier pli. Il est des moments où je me demande si notre société n'est pas un système pour éviter d'avoir à dire merci ou pardon, et finalement d'avoir à dire oui ou non. Une gestion visant à la domestication, puis à l'élimination, de toute approbation, de toute gratitude, comme de toute rupture, de tout refus. Aussi bien d'ailleurs nous remercions et nous pardonnons sans cesse, mais un peu sans y penser, au hasard, sans y croire. Or qu'est-ce qui nous y autorise ? Qu'est-ce qui nous autorise à pardonner ? Cette question me fait sortir des méandres de ma rêverie, cher Monsieur ; c'est votre question. Elle a le timbre de votre écriture. J'imagine combien vous auriez donné pour sortir des terribles circonstances que vous décrivez, et revenir au monde ordinaire, à un monde où l'on puisse dire merci et pardon. A un monde où vous ne soyez pas contraint à l'exception, à l'extraordinaire, à une gratitude ou à un pardon démesurés.

Comment avez-vous fait pour y revenir ? Laissez-moi essayer : vous avez écrit, vous avez eu le courage ou la chance d'écrire, de déposer ou de composer une intrigue. Le pardon aussi est à la fois un travail, un effort volontaire, et une passivité, une distraction, quelque chose qui arrive. Un matin on se lève et le monde est lavé, on ne sait pas pourquoi. Et le pardon aussi a un problème d'écriture, d'intrigue, car il se trouve dans l'embarras de trouver un langage autorisé. Comment trouver un langage qui puisse en même temps exprimer le tort subi, et être entendu et repris par celui qui l'a commis ? Ou, à l'inverse, un langage qui puisse énoncer le tort commis et être entendu et reçu par celui qui l'a subi ? N'y a-t-il pas une disproportion irrémédiable ? N'est-on pas condamné au « différend », c'est-à-dire à l'impossibilité de définir ensemble le langage dans lequel le tort sera formulé ? Est-il même possible d'exprimer complètement une souffrance ou un crime ? Ne se trouve-t-on pas ici aux limites du communicable ? L'échange des mémoires n'est-il pas rendu impossible par leur enracinement dans un immémorial trop douloureux, inéchangeable ? Si le pardon arrive à se frayer un chemin dans cet embarras, c'est que l'on a accepté de ne pas chercher à savoir quels seront les rôles tenus par les uns et les autres dans la scène. Le pardon reconstruit ainsi un mixte entre plusieurs langages, et oblige chacun à faire place en lui-même à la possibilité de l'autre, au sein d'un récit dont l'intrigue est assez vaste et polycentrique pour que tous les lecteurs y trouvent leur place. Mieux : par votre intrigue, vous ne laissez pas en place les présupposés de vos personnages, pas plus que de vos lecteurs. Vous les remaniez, vous bouleversez leur imaginaire. En replaçant chacun des brins d'histoire où ils se reconnaissent dans un contexte narratif plus large, vous déplacez leur perception, vous leur permettez et vous leur exigez de se voir autrement qu'ils ne pouvaient eux-mêmes se voir. Mais vous mettez vos lecteurs dans la position de vous faire faire le même déplacement, celui qui vous a ramené parmi les contemporains. Vous vous faites contemporain.

La dernière « sortie » d'Arthur annonçait : Si on en sort, il sera temps de discuter de cette affaire-là à fond. Il y aura des pour et des contre, mais personne ne pourra comprendre de ceux qui n'auront pas subi ce que nous subissons. Il avait tout dit. Il avait annoncé le décalage irrémédiable et la différence des générations, qui fait que ce n'est pas du même pardon que nous parlons. Il avait d'avance répondu à Bolek qui ne croyait pas qu'il y ait de différence entre les religions sur ce point du pardon, qui est aussi le point du jugement, de ce qui nous autorise à pardonner : car on peut être contre ou pour le pardon sans voir le pardon de la même manière. Et plus le pardon nous rapproche de l'absolu de chaque religion, de sa part imprenable, plus les voies du pardon peuvent devenir les voies de l'exclusion. Rien n'est plus dangereux et plus fou de douleur qu'un amour non partagé, qu'un pardon incompris.

Et pourtant vous avez continué votre récit jusqu'au bout, jusqu'à nous parler. Jusqu'à oser nous en parler. En sortant de cette caverne, vous ne vous êtes pas non plus laissé éblouir par la lumière du monde ordinaire. Vous avez gardé une pupille capable de discerner cette ombre qui rend le pardon incontournable. Comment faire en effet pour répondre au fait d'être né par l'action, par la parole, la création, le fait de commencer quelque chose de bon, et simplement de le promettre, sans répondre au fait de devoir mourir par la destruction, par la surenchère à l'irréversible, à la souffrance, la tentation de faire disparaître tout ce qui est mortel ? C'est la réponse que je vous adresse, comme une interrogation, ou comme une gratitude. Mais c'est peut-être la même chose.

LYTTA BASSET

« Ce que j'ai entendu m'a ébranlé dans les profondeurs », dit Simon Wiesenthal après la confession
de Karl. Et son témoignage me touche de manière
similaire. L'abîme du mal est là, à chaque page, à
chaque ligne. L'insondable souffrance est dite en
toute vérité, sans tentative d'en faire mesurer l'horreur, sans besoin d'établir des comparaisons : il
n'est jamais suggéré que l'un souffre plus que l'autre.
Wiesenthal dit de la mère de Karl : « Je voyais son
tourment et je connaissais le mien... Elle me faisait
pitié, indiciblement. »

L'atroce brutalité des faits me laisse d'abord sans
voix. Le récit m'entraîne dans un face-à-face, d'une
totale lucidité, avec la réalité telle qu'elle a été et telle
qu'elle est sous d'autres cieux. Suis-je du nombre
de ceux qui « regardent tranquillement et sans protester » ? Ne fais-je pas partie de ces faux témoins
qui, en Esaïe 52-53, voient sans rien voir et entendent sans rien entendre ? L'histoire du *serviteur*

souffrant, si apparente dans les mots mêmes utilisés par Wiesenthal, ne me pose-t-elle pas, à moi en particulier, la question lancinante du mal subi par autrui ? « Dans le regard des passants, on peut lire que nous sommes déjà rayés du compte des vivants » ; « habitués à ce spectacle », ils nous « considèrent » comme des animaux « menés à l'abattoir » ; à voir leur « œil méprisant », à entendre leur « rire sarcastique », nous doutons d'être « encore des humains à leurs yeux »...

Une communion sans mots me fait pleurer avec ceux qui ne peuvent même plus pleurer. Communion dans la souffrance sans fond qui est de tous les temps. Communion rendue possible, sans doute, par mon propre renoncement à mesurer la souffrance d'autrui et la mienne : l'excès de douleur, dans la chair et l'esprit, finit par pulvériser l'illusion de pouvoir évaluer le degré de souffrance. Pour Wiesenthal, autrui *aussi* souffre un mal d'abîme, autrui dans la densité d'un face-à-face inimaginable, autrui concret et non l'idée qu'il s'en fait.

Nous savons d'expérience que le pourquoi de l'horreur reste à jamais sans réponse. Et si je me tourne vers la colline du Golgotha, je commence par entendre le cri qu'aucune philosophie ni aucune religion ne peut étouffer : « Mon Dieu, mon Dieu, pourquoi m'as-tu abandonné ? » Dans les camps de la mort, on disait parfois que Dieu était en congé. Mais c'était sous-entendre qu'il reviendrait. Or

Wiesenthal, lui, n'envisageait pas d'autre issue que la mort. Il ne vivait pas un enfer provisoire, que le retour assuré de Dieu aurait pu relativiser. L'enfer au quotidien, chacun le sait, c'est l'absence définitive de Dieu, une éternité de douleur.

Trop souvent la question du pardon est posée hors saison : c'est alors qu'on exige et qu'on fait pression, comme au lendemain de la guerre. « Il y a un temps pour chaque chose sous le ciel, dit le réaliste Ecclésiaste, un temps pour tuer et un temps pour guérir... un temps pour aimer et un temps pour haïr. » Il y a un temps pour soigner les blessures et il y a un temps pour les laisser se refermer. Il y a un temps pour aller jusqu'au bout de ce qu'on porte en soi et il y a un temps pour laisser aller les offenseurs.

Nous cueillons les fruits amers du pardon quand notre volontarisme et celui d'autrui nous poussent à mettre un terme prématuré à la souffrance insupportable que nous endurons. Nous risquons alors de perdre ce qui en nous est le plus vulnérable, le plus sensible, donc le plus vivant, et d'entrer exsangue dans une démarche stérile de pardon. Et nous nous heurtons à des contradictions irréductibles, car nous ne faisons que disserter sur le pardon.

On ne peut pardonner à la place d'autrui. Cela doit toujours être rappelé. Simon Wiesenthal n'était pas une victime de Karl. Cependant, il avait clairement perçu que pour Karl il était un représentant de tous les Juifs, faisant partie de la « même commu-

nauté de destin ». C'était à un *Juif* que Karl demandait pardon. Ce n'était pas le pardon de *Dieu* qu'il
sollicitait : d'un prêtre, il aurait reçu l'absolution et
il ne la demandait pas, ayant « perdu la foi ». A
travers Wiesenthal, c'est aux victimes de ses crimes
qu'il demandait pardon : « Ce que j'avais moi-même
éprouvé pendant la prière de Karl », c'est que j'étais
« l'unique chance de libérer sa conscience ».

En moi résonnent maintenant les paroles du
Christ dans l'évangile de Luc (17, 1 s) : « Il est
impossible, inévitable ou inimaginable que les
scandales n'arrivent pas ; seulement, malheureux-
mauvais celui par qui ils arrivent ! Il vaut mieux pour
lui [1] qu'une meule de moulin soit attachée à son cou
et qu'il soit précipité dans la mer [symbole du mal]
que de scandaliser [littéralement : faire tomber] un
seul de ces petits [ou êtres sans défense]. » En d'autres
termes : il ne peut s'en sortir, il est entraîné inexo-
rablement avec sa victime dans le même mal d'abîme.

Pensée récurrente au fil du récit de Wiesenthal,
intuition juste d'un abîme de malfaisance et de malheur dans lequel on précipite autrui avant que d'y
tomber soi-même : « Les Allemands aussi finirent par
succomber... Une Pologne sans Juifs ? Oui, mais la
Pologne aura disparu... Un jour viendra où leurs

---

1. La racine du verbe autorise à comprendre : il y a *déliement*
ou *libération* pour lui, il y a *absolution après expiation* pour lui
de cette manière-là.

maisons aussi ne seront que cendres. » Et il suffit d'un crime, d'une seule victime...

Selon le témoignage de Luc, le Christ ajoute alors : « Soyez attentifs à vous-mêmes ! Si ton frère se met en tort contre toi, fais-lui reproche et s'il se retourne ou se convertit ou se repent, pardonne-lui ! Et si sept fois le jour il se met en tort contre toi et sept fois revient vers toi en disant "je me repens", tu lui pardonneras. » La récidive, l'offense répétitive, le mal qui n'en finit pas d'être infligé – car sept est le chiffre de l'infini dans la Bible –, Wiesenthal l'envisage dans une extrême lucidité : « Je suis bien obligé d'admettre que si [Karl] n'avait pas été si grièvement blessé... il aurait eu l'occasion de commettre d'autres crimes. »

C'est que nous ne serons jamais à l'abri de nouvelles blessures, jusqu'à notre dernier souffle, et que la question du pardon se posera donc toujours à nouveau. Telle est notre condition humaine. Mais il y a plus : le symbolisme du chiffre sept ne nous oriente-t-il pas vers l'expression d'un repentir ou d'une conversion *de plus en plus authentique* ? Karl est parvenu au bout de sa malfaisance aveugle. En cette heure de confession, il n'a jamais été aussi conscient de ses actes : son repentir est total, à la puissance sept en quelque sorte ; et Wiesenthal ne s'y trompe pas : sa capacité de pardonner est requise, à la même puissance, et elle ne le laissera pas en repos...

Il n'est pas non plus question de Dieu dans les paroles du Christ. Tout se passe exclusivement entre humains. « Je n'avais pas le pouvoir de lui pardonner au nom des autres. » Ce n'est pas le pardon *de Dieu* que Wiesenthal était incapable d'assurer à Karl. Ils se trouvaient tous deux dans un enfer où pardonner et être pardonné au nom de Dieu n'aurait eu aucun sens : le mot *Dieu* recouvrait l'abandon irrémédiable pour l'un, la perte irrémédiable de la foi d'enfance pour l'autre.

Pour moi l'Evangile va jusque-là : dans la plus grande des obscurités, Dieu confie *aux humains* sa propre puissance de pardon, parce qu'ils endurent sa disparition et qu'ils n'ont désormais pas d'autres recours. Dans le malheur sans issue, c'est comme si Dieu n'était plus rien d'autre en nous que la possibilité de poser ou d'ébaucher un geste de pardon à l'égard d'autrui. Comme si Dieu se terrait jusque dans cette relation quasi impensable entre ce qui reste d'un humain et ce qui reste d'un autre humain. Comme si Dieu avait déserté le ciel et se tenait désormais à la merci de nos relations infernales, irréparables. « Soyez attentifs à vous-mêmes ! » disait le Christ. « Préoccupez-vous » de ce qui se passe entre vous, car parfois il ne reste rien d'autre que cet entre-deux vacillant de la relation entre vous !

Le souvenir de Karl devait hanter Wiesenthal jusque bien après la guerre : l'avait-il laissé mourir enchaîné à son crime pour toujours ? Aurait-il eu le droit et le pouvoir de l'absoudre, en admettant qu'il en eût le désir ? Je ne *sais* réellement pas ce que j'aurais fait à sa place en de telles circonstances, plongée dans la souffrance abyssale sans lendemain. Je ne sais qu'une chose, là où je me tiens en ce moment, c'est l'effacement du Dieu de toute paix derrière la main tendue d'humain à humain, *sur la terre*. « Le fils de l'humain – et tout fils et toute fille d'authentique humanité, à sa ressemblance – a pouvoir sur la terre de laisser aller les fautes », affirme le Christ : ce pouvoir a été « donné aux humains », lit-on en Mt 9, 6 et 8. Mais il faut être debout, car comment dire une telle force de vie quand on se trouve réduit en poussière dans la paralysie du corps, du cœur et de l'esprit ?

Avec Simon, je m'approprie quotidiennement le nom de « pierre », ce nom solide comme le roc « sur lequel le Christ bâtit son assemblée (ecclésia) » : c'est le nom de cette puissance de pardon en moi, dont la mort physique ne viendra jamais à bout. C'est la clé qui ouvre toujours à nouveau en moi la porte de ma relation à autrui : « ce que tu lieras sur la terre sera lié au ciel et ce que tu délieras sur la terre sera délié au ciel » (Mt 18, 18). Maintenir autrui lié à sa faute ou l'en délier, cela m'appartient ; c'est d'abord dans *mes* mains, sur terre. Et dans une interdépendance bouleversante, Dieu se fait l'écho de mon choix, au ciel de son invisible séjour. Telle est la fondation inébranlable de toute survie en communauté, de toute vie en « assemblée » : la liberté intérieure dont le Christ me donne le secret dénoue toujours à nouveau en moi la Parole – la parole qui peut délier mes semblables du poids de leurs fautes, simplement parce qu'ils le demandent de tout leur être.

Simon Wiesenthal a cru ne pas être « l'instance voulue pour répondre à la demande [de Karl] ». Pour moi, il n'a eu ni raison ni tort dans l'absolu. Les nazis prétendaient avoir raison dans l'absolu. Ils *savaient*, de cette connaissance fantasmatique du Bien et du Mal sur laquelle reposait tout leur « édifice idéologique », que les Juifs étaient « la cause de tous leurs malheurs ». Et les autres – la masse des témoins déficients – *savaient*, de la même connaissance fantasmatique, que les camps de la mort étaient trop « abominables » et « invraisemblables » pour exister : ils croyaient, eux aussi, avoir raison dans l'absolu.

Je ne peux répondre à la question de Wiesenthal que dans un dialogue empreint de relativité. Son témoignage subjectif et irremplaçable résonne dans toute ma subjectivité, là où je me reconnais témoin de ma propre histoire et de la Parole qui m'habite. S'il était en face de moi, voici ce que je lui dirais : Vous avez été vous-même, tel que vous étiez à ce moment-là, et c'est la seule chose qui compte ; dans le monde de mensonge qui vous broyait tous, vous étiez alors par votre authenticité une miette dure, infiniment précieuse, de cet Esprit de vérité que Dieu désire infiniment être parmi les humains.

Votre fidélité à la vérité intime de votre être me rejoint profondément. Il y avait en vous une ouverture constante à ce que vit autrui : aller vers Karl et rester à son chevet n'allait pas de soi, rendre visite à sa mère encore moins. Il y avait aussi cette acceptation du pire – la certitude d'être « voué à la mort » – qui vous faisait entrer de plain-pied dans le malheur d'autrui quel qu'il soit : l'excès du mal n'avait pas pu détruire en vous toute humanité et, contrairement à Karl et à sa mère, vous ne vous enfermiez pas dans votre propre souffrance, vous ne vous demandiez pas si autrui avait de bonnes ou de mauvaises raisons de souffrir. La solidarité avec tout être souffrant semblait fragiliser chaque jour davantage la bonne conscience en vous : la question du pardon avait été posée, elle ne vous laisserait plus jamais tranquille ; le refuge de la surdité était impossible à l'homme que vous étiez.

Par-dessus tout, il y avait la compassion, plus forte que vous-même : votre témoignage, c'est l'histoire de votre main, que Karl tenait et vous suppliait de lui laisser, votre main que vous vouliez retirer et qu'il reprenait pourtant, et c'était, entre vous, un langage plus criant que votre propre mutisme... Et vous avez chassé la mouche : « Sous-homme sans défense, j'ai porté secours sans y penser, tout naturellement, à un surhomme lui aussi sans défense. »

Karl est mort la nuit suivante, sans « la piqûre qui délivre [...] le médecin n'a pas pitié de moi », disait-il.

Vous êtes parti sans un mot, croyant ne rien pouvoir pour lui. Vous avez juste eu le temps de voir « ses mains jointes, un soleil paraissant s'épanouir entre elles » : votre main n'avait-elle pas brisé, presque à votre corps et à votre esprit défendant, le silence où vous vous teniez ? Karl pouvait partir...

Comment auriez-vous pu mettre les mots du pardon sur l'horreur que vous continuiez à subir sans fin, vous et les vôtres ? Mais vous aviez vu Karl « se torturer et ne rien vouloir s'épargner », et c'est comme si les enfers avaient communiqué... La compassion revenait, telle une mouche obsédante, et la proximité qu'elle créait entre vous deux vous faisait horreur : « Tout en moi se révolte à l'idée d'en entendre davantage. Je voudrais... m'en aller d'ici. Le mourant a dû le sentir car... il me prend le bras. Ce geste est si touchant dans son impuissance qu'aussitôt il me fait pitié. »

La tentation de la compassion... La peur d'une complicité répugnante avec l'assassin... La honte de trahir les victimes en laissant croire qu'on pactise avec le bourreau... N'était-ce pas également le combat intérieur du Christ dans son face-à-face avec Judas, dans l'évangile de Jean ? N'avait-il pas, lui, infiniment plus que quiconque, senti le malheur de Judas et celui de ses tortionnaires, par-delà leur malfaisance ?

En gardant la porte ouverte à la compassion, en laissant si longtemps votre main dans celle de Karl, il vous semblait peut-être que vous n'aviez plus tout à fait les mains blanches. Vous entendiez d'avance les propos de votre ami Arthur : « Tu t'es laissé contaminer, toi aussi, par les nazis. » Ce que vous redoutiez arriverait : « Il ferait tant et si bien que j'aurais honte. » Effectivement, Arthur allait par la suite vous jeter à la figure : « *ton* SS » ! C'était donc déjà trop que d'écouter Karl, de vous laisser atteindre par son « désespoir ».

Votre authenticité à nouveau me bouleverse quand vous racontez votre visite à la mère de Karl : si j'avais eu la preuve qu'il m'avait menti, « ce sentiment de sympathie *dont je ne pouvais me défendre* aurait disparu ». La compassion qui vous a finalement vaincu n'est-elle pas la source lointaine, inaccessible et innommable de tout pardon possible ? Aviez-vous, avons-nous une quelconque prise sur elle ? L'angoisse que vous éprouviez lors de votre deuxième rencontre avec l'infirmière n'est-elle pas l'indice d'une force incontrôlable en vous : « Je serais bien capable de céder »... C'est qu'on ne décide pas d'être touché par autrui. « Karl a-t-il droit à la pitié ? », vous y répondez vous-même : ce n'est pas une question de droit !

« Deux hommes qui ne se connaissent pas et que le destin a réunis pour quelques heures »... Pour moi, le destin est le visage indéchiffrable que prend Dieu quand la souffrance nous engloutit. Je ne crois pas que le hasard soit à l'origine de votre rencontre. Je crois que l'Esprit de vérité en est parfois réduit à parler par signes, dans un monde où la parole ne cesse d'être falsifiée et pervertie. C'est pourquoi je crois à la victoire progressive de la lumière sur l'ombre de la façade en face de la chambre de Karl : j'y crois comme à un signe – à un certain moment aussi aveuglant qu'un éclair de Vérité !

« Un homme gît sur le seuil de la mort... Et il confie ses forfaits à un homme qui tombera peut-être demain, victime d'un semblable forfait. » Dans l'enfer du mensonge qui confond implacablement bourreaux et victimes au pas de la mort, les mots du pardon ne pouvaient qu'être minés et contaminés. Votre silence vous paraît avoir été plus déterminant que votre compassion. Vous croyez ne pas avoir donné le pardon à Karl. « Je dois admettre que j'avais pitié de ce jeune homme, mais la conscience de ne pas être l'instance voulue pour répondre à sa demande était plus forte que tout sentiment de pitié. »

Mais qu'en a-t-il été réellement, dans le mystère inélucidable de cet entre-deux de la relation où passe peut-être l'Esprit qui « souffle où il veut », selon le témoignage biblique ? Ne pouvons-nous pas croire, et même constater, que la compassion est plus forte que le silence ou la mort du langage, y compris du langage du pardon ? Quand l'abîme de la souffrance a vidé tous les mots de leur sens, n'est-ce pas le son de la voix humaine qui trahit la présence du Souffle d'amour ? « Tandis que le mourant me parle des Juifs, je remarque que sa voix prend des inflexions plus chaudes. Je ne les ai encore jamais entendues chez d'autres SS... Je ne sais pas ce qui me retient. Il y a dans sa voix quelque chose qui m'empêche de suivre mon sentiment aussi bien que ma raison et de quitter la pièce. »

Si la souffrance est un pont, comme vous vous l'êtes demandé, ou plutôt une invisible passerelle inlassablement jetée par-dessus le mal d'abîme qui happe les humains, le pardon n'est-il pas alors une réalité à jamais insaisissable ? Dans un face-à-face d'une totale authenticité, vous avez entendu le désespoir et le repentir d'un homme qui « n'était pas né criminel ». Et quelque chose dans cette voix quasi inaudible touchait en vous la source de la compassion. Votre propre vérité et celle de votre peuple vous interdisaient d'ouvrir la bouche. Mais ce silence-là n'est-il pas celui de l'Esprit en vous – un silence qui dit la vérité bien mieux que les mots, un silence qui laissait Karl vous rejoindre au plus intime de votre propre souffrance ?

Nous ne savons jamais si nous avons réellement pardonné. Et votre témoignage me donne à penser que nous ne savons même pas si nous avons, en définitive, refusé le pardon. Sans doute est-ce bon qu'il en soit ainsi, pour que nous ne mettions jamais la main sur l'Esprit de vérité. Karl est mort en paix, comme si le pardon était passé par là, à votre insu...

CHRISTIAN DELORME

Il est des personnes dont on entend parler depuis si longtemps que l'on croit les connaître. Sans doute y a-t-il plus de trente ans, Simon Wiesenthal, que je lis votre nom dans la presse et que je suis au courant de vos activités. Mais je dois vous avouer que j'avais accolé à votre patronyme une étiquette : « chasseur de nazis », et même si j'étais tenté de penser que votre travail exigeant la justice pour les victimes de la Shoah était légitime, je ne ressentais pas beaucoup de sympathie pour vous. Il existe comme cela des fonctions dans une société qui sont nécessaires : juges, gardiens de prison ou fossoyeurs, mais qui ne suscitent pas, pour autant, enthousiasme et gratitude.

Or voilà qu'on me donne à lire votre récit publié pour la première fois il y a trente ans, et qui rapporte cette rencontre inouïe que vous avez faite en juin 1942 quand, prisonnier d'un camp d'extermination et promis à une mort violente, vous vous êtes entendu demander le pardon de la part d'un jeune

criminel de guerre SS à l'agonie... Et après avoir lu
et relu ce texte, j'ai envie de vous dire ce que m'a
confessé un jour un médecin à l'issue de la cérémonie
de funérailles de sa mère que j'avais présidée : « Avant
de vous avoir entendu, j'étais plein de préjugés à
votre encontre. Mais maintenant je vous aime ! »

J'ai déjà lu bien des livres dans mon existence :
plusieurs centaines dont beaucoup de témoignages.
Votre ouvrage *Les Fleurs de soleil* restera parmi les
quelques dizaines que je n'oublierai pas. Car, en
lisant ce texte, j'ai vraiment goûté ce que c'est que
d'être un homme. Je me suis senti davantage humain,
c'est-à-dire capable de compatir avec mes semblables,
que ceux-là soient magnifiques ou abominables, victimes ou bourreaux, saints ou salauds... J'étais avec
vous dans cette chambre de l'ancienne école technique de Lemberg transformée en hôpital militaire,
assis sur le bord du lit où Karl vous parlait. Avec
vous je regardais ce garçon de vingt-deux ans, au
corps déchiqueté et entouré de pansements qui suin-
taient, tentant de rassembler ses dernières forces pour
vous confesser son effroyable crime qui le détruisait
lui-même de l'intérieur. Comme vous, en l'écoutant
parler, je cherchais à comprendre comment un jeune
homme semblable à la plupart des jeunes gens du
monde, sans doute « bien élevé » et suffisamment
cultivé, avait pu devenir l'épouvantable complice et
artisan d'une œuvre diabolique de destruction d'une
part entière de l'humanité...

Mais j'ai plongé dans votre récit plus de trente ans après que vous l'avez écrit. Surtout, je n'ai pas été le déporté juif traité comme un animal nuisible à anéantir, les yeux et l'esprit habités en permanence par les centaines de compagnons de camps morts devant vous à la suite d'indicibles souffrances, et le cœur brisé par le massacre des siens. Et même si votre récit rapporte avec une grande précision les sentiments et les interrogations qui ont été les vôtres dans ce face-à-face avec celui qui aurait pu être votre bourreau, il ne m'était pas possible de me mettre à votre place, ni non plus à celle de Karl agonisant et tourmenté. Peut-on d'ailleurs jamais se mettre à la place de quiconque, chaque histoire humaine étant si unique (malgré le peu de cas qui est fait presque partout dans le monde pour les personnes assimilées aux masses anonymes...), chaque vécu d'homme et de femme étant si particulier ?...

Assis à côté de vous sur le lit, je me revoyais dans d'autres situations où ont été étalées devant moi les abominations de quelques-uns de nos congénères. Prêtre catholique, appelé à recevoir les confessions d'un certain nombre de gens qui peuvent venir chercher auprès de moi le signe que Dieu absout (absoudre est proche de dissoudre) leurs fautes, il m'est quelquefois donné d'entendre des choses dures qui donnent le vertige. Qui plus est, engagé depuis longtemps sur des terrains où s'exprime la violence, j'ai fréquenté, ces derniers trente ans, plusieurs auteurs de crimes et de délits, même si, Dieu merci, je n'ai encore jamais eu à me trouver en face d'un responsable de crimes contre l'humanité. Or, à chaque fois que j'ai devant moi des êtres qui me disent tout le mal qu'ils ont pu faire, qui me racontent leurs parts obscures et leurs turpitudes, je suis tenté de chercher la frontière qui peut – ou non – les séparer des autres. Vous le savez mieux que moi encore, Simon Wiesenthal : ceux qui versent dans le crime ne sont pas si exceptionnels qu'on voudrait parfois le croire. Qu'est-ce qui fait qu'un homme maîtrise ou ne maîtrise plus sa violence, ses désirs sexuels, son besoin d'avoir, de posséder ou de dominer ? Où se trouve-t-elle, dans bien des cas, la liberté de l'homme qui commet le mal, quand il est né lui-même dans un milieu où il a été violenté dès son enfance, ou quand, trop faible pour affirmer les valeurs auxquelles il croit, il se laisse entraîner par d'autres qui parviennent à l'influencer et à le détourner ?... J'ai trop connu d'hommes « banalement normaux » qui ont pourtant, un jour, parfois la fraction d'un instant, basculé du côté des meurtriers ou des violeurs, pour ne pas savoir que c'est tragiquement facile de se retrouver de « cet autre côté » de l'humanité. Et je ne compte plus les fois où, entendant des gens m'avouer leurs parts obscures, je me suis dit dans le secret de ma conscience : « Mais c'est moi, ça ! »

Je vous avoue que je n'aime guère cette part de mon ministère de prêtre catholique, qui consiste à recevoir l'aveu des fautes des gens, même si fréquemment je suis heureux de pouvoir réconcilier des pécheurs avec eux-mêmes et avec Dieu, et de leur ouvrir ainsi la réconciliation avec les autres. C'est bien souvent très lourd d'entendre le descriptif de ce qui est laid dans l'homme, de se voir chargé d'une part de la culpabilité de ceux qui viennent déverser celle-ci à vos pieds ou à vos oreilles parce qu'ils ne parviennent plus à la porter tout seuls... Etre appelé par ces personnes à exercer un certain jugement qui pourra leur valoir une parole de pardon ou, au contraire, le refus de cette parole constitue une responsabilité redoutable et parfois écrasante. « Ce que vous délierez sur la terre sera délié dans les Cieux, ce que vous lierez sur la terre sera lié dans les Cieux », a dit le Christ Jésus à ses apôtres (Matthieu 18, 18), cet ordre de mission ayant entraîné l'établissement du sacrement de la réconciliation que les prêtres peuvent dispenser.

Il n'y a pas très longtemps, une adolescente participant aux activités d'une aumônerie de collège est venue me trouver. Elle avait quatorze ans, mais les expressions tristes et lasses de son visage évoquaient les traits d'une personne de trente ans. « C'est obligé de toujours pardonner ? » m'a-t-elle brutalement questionné. J'ai senti une énorme douleur derrière son interrogation, et je me suis risqué à lui répondre : « Obligé ? Certainement pas. Mais appelé : oui. Car il faut vouloir la réconciliation des hommes malgré toutes les raisons que ceux-ci peuvent avoir de se détester ou de se méfier les uns les autres. Il faut croire aussi que tout être humain, même celui qui nous paraît le plus odieux et le moins digne d'être aimé, peut changer, devenir meilleur, se transformer radicalement... » La jeune fille m'a alors dit : « Ça fait trois ans que j'attends le procès du garçon qui m'a violée quand j'avais onze ans. C'est trop dur tout ce temps sans savoir s'il sera lourdement condamné, ou non, pour le mal qu'il m'a fait. Je veux qu'il soit sévèrement puni, parce que comme ça je serai sûre que les juges auront compris comment ce garçon m'a détruite. Je me sentirai moins seule avec ma souffrance. »

Je ne ressentais pas de haine dans les propos de l'adolescente. Simplement le besoin que soit pris en compte, considéré le mal qui lui avait été causé. Je lui ai alors dit : « Tu as raison de vouloir la justice. Tu as le droit qu'on reconnaisse le crime qui a été commis contre toi. Plus tard, tu verras si tu arrives à pardonner à ce garçon. Peut-être te demandera-t-il lui-même pardon. Peut-être auras-tu envie très fort toi-même de lui pardonner, pour compléter ta guérison. Mais tu as tout le temps pour ça. Dieu ne te demande pas l'impossible : il attend de toi ce que tu peux donner, rien de plus, et il te laisse toute liberté pour décider. » La jeune fille au visage profondément triste s'en est allée. Mais je l'ai croisée quelques jours plus tard dans la rue. Elle m'a souri largement.

Bien entendu, on ne sort pas indemne d'une rencontre avec une jeune fille à l'enfance violée. Ayant connu par ailleurs des garçons et des hommes s'étant rendus coupables de violences sexuelles, je me suis demandé ce que j'aurais répondu si l'agresseur de cette enfant était venu me demander le signe du pardon de Dieu. Aurais-je pu lui accorder, alors que sa victime, toujours terriblement blessée, ne pouvait pas lui donner ce pardon ? « Ce que vous lierez sur terre sera lié dans les Cieux »... Jésus n'a probablement pas donné à la légère cette capacité, pour les siens, de refuser le signe du pardon de Dieu, même si lui-même, dans ce que nous connaissons de ses actes, n'a cessé de bénir, de réconcilier, de pardonner.

A la même période, d'ailleurs, j'ai également vécu une situation dans laquelle un auteur d'actes criminels est justement venu chercher un signe de sollicitude de ma part... que je lui ai refusé. Il s'agit d'un homme âgé aujourd'hui de plus de quarante ans et engagé depuis l'adolescence dans une vie de hors-la-loi. Voici à peu près vingt-cinq ans que je le connais, et j'ai ainsi suivi son itinéraire parsemé de malheurs, pour lui qui a sans doute passé au moins la moitié de sa vie en prison, et pour ses victimes. Amputé d'une jambe à la suite d'un accident de moto, il a trouvé le moyen de commettre encore un hold-up avec pour complice une jeune femme. L'opération a mal tourné, puisque ce gangster unijambiste a fait feu sur le commerçant qu'il attaquait, manquant de peu de le tuer. Arrêté et emprisonné, cet homme m'appelle au secours, pleurant sur son sort ! Or voici une dizaine d'années déjà, ayant été au cœur d'une fusillade avec des policiers belges dans le cadre d'un autre hold-up, il avait été indirectement responsable de la mort de deux policiers tombés sous des balles perdues tirées par leurs collègues... J'éprouve beaucoup de pitié pour cet homme qui n'a certainement jamais connu le bonheur depuis qu'il est né. Mais je ne pouvais pas lui dire : « Mon pauvre garçon, comme tu es malheureux ! Reprends courage : je suis là, qui te pardonne ! » J'ai répondu à l'interpellation de cet homme : « Rien ne peut excuser ton comportement. Voici une dizaine d'années, tu as causé la mort de deux hommes jeunes que leurs familles pleurent toujours. Et tu viens encore de prendre le risque de tuer, ta victime ayant eu la vie sauve par miracle. Non ! je ne peux plus te plaindre et t'offrir de la sollicitude ! Je puis seulement t'apporter l'appui de ma prière pour que Dieu t'accorde ce que tu peux en attendre. »

Je crois profondément dans la merveilleuse force du pardon. Laisser les gens enfermés, les uns dans leur culpabilité, les autres dans leur rancœur, ne crée que du malheur supplémentaire et ne répond pas à la vocation des hommes qui est de vivre en frères les uns avec les autres. Mais le pardon ne peut pas se donner comme on claque des doigts. C'est un parcours de guérison qui peut demander du temps. On

ne traite pas de la même manière la faute d'inatten-
tion qui vous fait marcher sur les pieds de quelqu'un
à qui vous lancez : « Oh, pardon ! », et le crime
de viol ou de meurtre. Et en face de viols ou de
meurtres, les chemins du pardon, s'il y a lieu, sont
à rechercher et à définir patiemment, en tenant
compte des réparations possibles ou impossibles
(comment réparer la mort de quelqu'un ?), des capa-
cités psychologiques à pardonner des victimes ou de
leurs proches, des possibilités du criminel de
s'amender réellement...

Dans l'histoire récente, les cas ne manquent pas
où des hommes et des femmes victimes de traite-
ments inhumains ont pardonné, plus tard, à leurs
bourreaux. Mais très différente a été votre situation,
cher Simon Wiesenthal, quand vous vous êtes trouvé,
malgré vous, au chevet de ce jeune SS agonisant qui
recherchait votre pardon de Juif sans pour autant
vous supplier. Comment auriez-vous pu pardonner
à la place des trois cents personnes brûlées vives,
crime collectif qui torturait la conscience de votre
interlocuteur ? De quel droit l'auriez-vous fait ? Une
telle violence ne peut être écartée par la parole d'un
seul, surtout si celui-ci n'a pas été une des victimes
directes des faits en question. Karl avait raison de
demander pardon, et en se confessant à vous, le Juif
que son idéologie hitlérienne avait appris à nier, il
entrait, en effet, dans le grand chemin de la réconciliation et de la guérison. Vous parlant, même avec

une certaine complaisance à se prendre en pitié (mais n'avons-nous pas tous tendance à avoir pitié de notre condition d'homme fautif ?), il vous considérait comme son égal en humanité, et cela constituait déjà une immense avancée de sa part. Se confiant à un de ceux dont il avait recherché l'extermination massive et totale, il se réintroduisait dans la fraternité humaine qu'il avait délaissée.

Vous ne pouviez pas dire à Karl : « Vous n'êtes pas coupable, pauvre petit qui vous êtes laissé entraîner dans la meurtrière folie nazie ! » Son état de mourant et votre situation de déporté ne sachant pas l'issue de toute cette horreur ne permettaient pas, non plus, d'envisager le passage par la justice pour que cet homme puisse reconnaître ses crimes, être condamné et accomplir une véritable réhabilitation. En restant auprès de lui tout le temps qu'il a eu besoin de vous parler, en ne le maudissant à aucun moment et en cherchant à comprendre comment ce garçon qui n'était pas né criminel avait pu le devenir, vous lui avez accordé le maximum de ce qu'il pouvait légitimement attendre. Vous étiez ensemble deux hommes, plongés dans le tragique d'un monde où, depuis l'avènement de l'homme, l'homme peut être un loup pour l'homme.

J'ai commencé cette réflexion, cher Simon Wiesenthal, en déclarant que maintenant je vous aime... Puis-je vous dire que vous m'avez rendu aimable, aussi, ce Karl dont vous n'avez pas voulu détruire l'image valorisante qu'en conservait sa pauvre maman ? Ah, si tous les bourreaux pouvaient, sur leur lit de mort, demander le pardon de ceux dont ils ont voulu l'anéantissement ! Peut-être serait-ce le début de la prophétie d'Isaïe : « Le loup vivra avec l'agneau, la panthère paîtra aux côtés du chevreau » ?...

JACQUES DUQUESNE

A plusieurs reprises revient, dans ce texte poignant, l'idée que Dieu est « en congé ». On voit même une vieille femme l'implorer en ces termes : « O Dieu Tout-Puissant, reviens de ton congé et regarde ce qui se passe sur la Terre. » Cette idée rejoint le grand débat qui est né après Auschwitz, après la Shoah, sur le même thème. Elle rejoint aussi le sentiment indigné exprimé par bien des braves gens en cas de vilenies humaines ou de catastrophes naturelles : « S'il y avait un bon Dieu, il ne permettrait pas cela ! » Ici, l'auteur fait dire à ses personnages que, pendant la Shoah, Dieu existait certes, mais était parti se reposer ailleurs – comme s'il existait un ailleurs pour Dieu !

Je préfère l'histoire que conte Elie Wiesel et qui se déroulait également dans un camp de concentration. Des SS, ce jour-là, avaient décidé de pendre trois prisonniers parmi lesquels se trouvait un enfant, tout jeune. Celui-ci, un garçon, était si léger, si squelettique, qu'il ne mourut pas aussitôt. Il s'agitait au bout de sa corde, devant tous les déportés rassemblés, horrifiés, rageant d'impuissance et de douleur. Alors un voisin d'Elie Wiesel demanda : « Et Dieu ? Où est Dieu dans tout ça ? » A ce moment, dit Wiesel, je sentais en moi une voix qui répondait : « Le voici, il est pendu ici, à cette potence. »

Je crois que Dieu a souffert avec toutes les victimes de la Shoah, toutes les victimes de la guerre. La souffrance de Dieu n'est pas mesurable parce qu'il a parié sur l'homme, sur la liberté des hommes. Il a parié que les hommes finiraient par faire mieux.

Quant aux catastrophes naturelles, qui ne sont pas le fruit de l'exercice, par les hommes, de cette liberté, elles me semblent démontrer que la Création n'est pas terminée. Le père Chenu, théologien dominicain, me disait un jour : « La Création, ce n'est pas une opération capricieuse de Dieu au début de l'histoire, et qui continue à se dérouler médiocrement, c'est l'aujourd'hui du Créateur. » Dieu est à l'œuvre chaque jour pour réduire le chaos initial et, si je lis bien la Bible, nous sommes ses alliés, nous les hommes, pour poursuivre la Création. Chaque fois que nous mettons un peu plus d'amour dans le monde, chaque fois que nous organisons la Nature pour rendre la terre plus vivable, nous faisons avancer la Création.

Oh, je sais bien que nous ne sommes pas toujours brillants. C'est le moins que l'on puisse dire. Mais nous avons fait quelques progrès – ce qui est difficile à faire admettre en ce siècle de fer ; ce qui est pourtant vrai si l'on considère l'histoire de l'Humanité. Et Dieu, lui, ne se met pas en congé. Ce n'est pas non plus un travailleur à temps partiel. Il est à plein temps mais, peut-être, d'une certaine manière, impuissant. Il prend les risques de l'impuissance. Pour que nous soyons libres. Pour que nous puissions exister, d'abord. Car exister, c'est faire. Et nous n'aurions rien à faire dans un monde fini.

XAVIER EMMANUELLI

Dans cet éblouissant petit ouvrage, Simon Wiesenthal est dans une situation où il est mis en demeure d'accorder ou non son pardon à un soldat SS mourant : Karl. Malgré son humanisme il ne peut lui accorder ce pardon, car il se trouve dans une impasse éthique et métaphysique.

Karl, le SS mourant, fait appel à lui en tant que « Juif », n'importe quel Juif, porte-parole en somme de tous les Juifs du monde : « Plus tard, quand l'infirmière est revenue, je lui ai demandé de m'aider. Je lui ai demandé, si elle trouvait l'occasion, de dire à un prisonnier juif de venir vers moi. Mais en faisant bien attention que personne ne le remarque. [...] Elle [...] m'a chuchoté qu'elle m'amènerait un Juif aujourd'hui. »

Ce qui indique que le SS, bien qu'il soit en train de mourir, malgré tout, a toujours un point de vue SS sur les Juifs. C'est sûrement parce qu'il affronte l'heure de sa mort qu'il entrevoit la possibilité que les Juifs soient des « gens » comme les autres, des hommes à part entière, et c'est précisément là que résident son tourment et son remords... Et si ces Juifs n'étaient pas des êtres étrangers à la race humaine ?... Il est en train de le découvrir.

Simon Wiesenthal essaie de comprendre ce qui se passe dans cette âme : « Si les Juifs se séparent de leur entourage, ils sont considérés comme un corps étranger. S'ils sortent de leur milieu propre pour s'assimiler, ils sont considérés comme des intrus, détestés et refoulés. Très tôt dans ma vie, j'ai constaté que j'étais né citoyen de deuxième classe. »

Il y a là une rencontre impossible entre Karl, qui va quitter la terre, habité par un remords qu'il ne sait pas élucider – car il garde encore quelque part un point de vue SS, en demandant à un Juif, un Juif de hasard, sur convocation, de se rendre à son chevet –, et cet autre homme, Simon Wiesenthal, en danger de mort du fait d'une idéologie folle, un Juif. Un de ces Juifs que Karl a persécutés, sur ordre certes, mais persécutés quand même, simplement au prétexte qu'il était né dans ce monde, où il était considéré comme un citoyen de deuxième zone.

Le Juif « générique » du point de vue de Karl, en danger d'être exterminé, et un SS au terme de sa vie gardant son point de vue de SS, même repentant, ne peuvent avoir de relations. Dans cette terrible situation, l'humanité ne s'y retrouve pas, car elle est absente de l'échange.

D'ailleurs, Simon Wiesenthal le note lui-même :
« Dieu est en congé. » Et Dieu est fait justement de
l'altérité, de la qualité de l'échange et du lien qui
unissent les créatures humaines. Créatures qui sont
alors toutes, pour leur compte, représentantes et
ambassadrices de toute l'humanité. « Dieu est en
congé », et l'homme n'est plus son ambassadeur. Il
ne reste qu'à constater que l'ange de vérité est revenu
au ciel, et qu'il a rapporté une motte de terre imprégnée de ses larmes, les larmes qu'il avait versées parce
qu'il était banni du ciel. Cette motte de terre avec
laquelle Dieu a fait l'homme.

C'est ainsi qu'il est impossible au Juif Simon Wiesenthal de pardonner au SS Karl son crime, car Dieu,
donc l'humanité, serait alors absent de cet échange.

Les Fleurs de soleil a étonnamment retourné la proposition : c'est au nom de l'humanité que le pardon
ne peut avoir lieu.

ELISABETH DE FONTENAY

Cher Simon Wiesenthal,

Pendant des nuits d'adolescente sans sommeil,
entre 1948 et 1955, je me demandais sans cesse ce
que j'aurais bien pu faire subir aux nazis, à Hitler,
aux Allemands, si je les avais tenus à ma merci. Je ne
trouvais aucun supplice physique et moral qui parût
convenir, et pourtant je continuais à ne projeter que
recherches et vengeance. Et je rêvais de travailler avec
vous. Il aurait fallu que, pour me former à votre école,
j'apprenne l'allemand ; mais l'occasion était passée,
par deux fois, en 1944 à Rouen après la Libération,
puis en 1946, à Paris, après l'ouverture d'Auschwitz :
par deux fois, le sujet n'avait pu être abordé avec mes
parents. Cela ne m'a pas empêchée de rester extrême-
ment attentive à vos investigations, et à la justice qui,
grâce à vous, pouvait être rendue.
  Je dois vous avouer d'emblée que les deux questions auxquelles votre récit nous convoquent ne

m'intéressent guère. La première demande si les victimes et leurs bourreaux appartenaient à la même
humanité, s'ils étaient « faits de la même matière ».
C'est là un problème métaphysique, devenu quasi
académique, et qui est sans doute dénué de sens. Ou
alors, disons que Primo Levi a repris et porté cette
interrogation à un tel niveau de radicalité qu'il serait
présomptueux aujourd'hui d'y revenir. Quant à
l'autre question, celle qu'on dit intemporelle, universelle, actuelle, celle que vous posez expressément
en prenant congé de votre lecteur, je suis ainsi faite
qu'elle ne me retient pas plus que la précédente. Et
si j'avais dû n'écrire que pour y répondre, je n'aurais
sans doute pas accepté la proposition de l'éditeur.
Vous vous êtes demandé, et durant toute votre vie,
je présume, si vous aviez bien fait de ne pas pardonner. En vérité, votre incertitude me suffit, car je
tiens par-dessus tout, après avoir achevé de vous lire,
à demeurer dans la singularité, le concret et l'étran-
geté de cette histoire, je n'ai pas envie de réduire une
si terrible séquence à une proposition prescriptive.
Je dirai même que l'interrogation éthique sur le bien-
fondé de votre attitude – l'éthique est beaucoup plus
galvaudée aujourd'hui que lors de la première paru-
tion de votre récit – empêche de méditer librement
sur votre écriture, d'en percevoir la richesse insolite
et les aspérités inattendues. C'est pourquoi, tout en
ne cessant de m'adresser à vous, je prendrai la liberté
de ne mentionner jamais que l'auteur ou le narrateur

de cette histoire texte. Qu'en effet *Die Sonnenblume* soit autobiographique, fictionnel ou les deux à la fois ne change rien, me semble-t-il, à sa portée. Ce récit appartient de toute façon à la littérature et l'on ne saurait ne trouver là qu'un témoignage. L'insoutenable n'a-t-il pas le don de rendre écrivains des hommes et des femmes qui n'auraient jamais écrit ? Ainsi le chimiste Primo Levi, ainsi vous-même, qui étiez architecte.

Je voudrais, pour défendre la pertinence de cette approche – qui consiste donc à ne pas trop me soucier de la question officiellement posée et à porter en revanche une vive attention aux multiples détails et circonstances de ce qui est rapporté –, citer un fragment de ces *Fleurs de soleil* que je prendrai la liberté d'intituler plus exactement « Les tournesols ». « Aussitôt après la guerre, prêtres, philanthropes et philosophes prirent la parole pour appeler le monde au pardon. Il s'agissait, pour la plupart, de beaux esprits qui n'auraient pas oublié une simple gifle appliquée à leur propre personne, mais n'éprouvaient aucune difficulté à excuser le massacre de millions d'êtres. Les prêtres disaient que les criminels comparaîtraient devant la justice divine, et que celle des hommes n'avait par conséquent qu'à s'effacer. Cela arrangeait admirablement les nazis, bien entendu. Ils ne croyaient pas en Dieu, ils avaient rompu avec l'Eglise, ils acceptaient donc allègrement leur jugement. Ils ne redoutaient que celui des hommes. »

D'où la question que je poserai avec le narrateur et dont, comme lui, nous sommes quelques-uns à savoir la réponse : « son » SS, qui, faute de mourir « au combat », aurait continué à commettre des crimes abominables, ne se serait-il pas, comme beaucoup de ses comparses lors de leurs procès, présenté devant la justice des hommes en fanfaronnant et ricanant ?

Tout ce qu'une si étrange péripétie donne à juger me semble donc être explicitement dit dans ce texte. Cependant, comme je ne veux pas tout à fait désobéir à la règle du jeu qui préside à cette réédition, je répondrai tout de suite à la question finale. Oui, le narrateur a eu raison ; je ne dis pas que j'aurais fait la même chose ; qui d'autre qu'un ancien déporté juif pourrait se mettre effectivement à cette place ? Je dis seulement : il a bien fait. Le raisonnement de Josek est impeccable, car les seuls qui pourraient ou auraient pu pardonner ne le pourront plus jamais. Les survivants, même sursitaires, l'auraient fait à bon marché ; quant aux rescapés, ils ne sauraient en prendre le droit. La manière dont l'auteur se demande si « les SS qui meurent changent le son de leur voix » me paraît bien exprimer ce refus, vital mais sans violence, de dialoguer et d'absoudre. Je me demande si Vladimir Jankélévitch, auteur de l'indépassable *Pardonner ?*, connaissait ce texte. Il disait souvent qu'il n'y avait pas lieu d'accorder un pardon que les Allemands ne demandaient pas. Et il ajoutait que, au cas où il y aurait eu un geste de contrition de la part d'un criminel, il ne pouvait pas appartenir à celui qui avait été sauvé de donner quelque absolution au nom des victimes englouties. Parole terrible dans la bouche de cet homme doux, proche de l'orthodoxie russe, quasi franciscain et auquel je dois la fierté d'être juive. Assurément, le séminariste polonais d'Auschwitz, torturé et humilié lui aussi par les nazis, ne tient pas de propos scandaleux quand il constate que, le mourant ne pouvant plus réparer, il suffisait qu'il se repente. Dans la mesure où le nazi « ne pouvait plus s'adresser à ceux qu'il avait lésés, qui étaient tous morts », n'avait-il pas mérité « la grâce du pardon » ? On remarquera en tout cas la forte logique casuistique qui règle chacun de ces discours antagonistes qu'on aurait tort de résumer à un conflit entre deux visions religieuses de la faute et du châtiment, puisque aussi bien les deux interlocuteurs finissent par se persuader l'un l'autre et que le débat, si l'on acceptait de s'y engager, resterait interminable.

Pour en finir avec ce dilemme, je dirai encore une fois que Josek me semble avoir bien fait d'approuver le mutisme de son camarade. Oui, c'est lui qui a raison, son argumentation est rigoureuse logiquement et probe moralement. « Pendant que tu nous racontais ta rencontre avec le SS, dit-il, j'avais presque peur que tu te sois laissé arracher un pardon. Tu n'aurais pu le faire qu'au nom d'hommes qui ne t'en ont pas donné l'autorisation [...]. Crois-moi, ce serait un grand péché de prendre sur ta conscience les souffrances des autres. » C'est du reste une figure très prenante que ce Josek ; il raconte des histoires hassidiques ou qui pourraient l'être : l'admirable récit de la création du premier homme à partir de la motte mouillée de larmes de l'ange exilé, cet ange de la vérité qui ne voulait pas que Dieu créât l'homme. Et la vieille femme qui dit : « Dieu est parti en congé », comme l'auteur qui ajoute que Dieu est parti « dans l'infini du tout » sont bien de même provenance.

Un mot encore, avant de m'engager dans une réflexion sur certains épisodes de votre récit. C'est votre grandeur que d'avoir appelé le SS par son prénom, Karl, par son nom de baptême, comme on dit chez les catholiques. Même si vous avez refusé de lui pardonner, vous lui avez fait un présent immense, vous l'avez, en racontant son histoire qui est désormais la vôtre, nommé comme ses parents le faisaient, et ses amis. Un « sous-homme sans défense » a porté secours, « sans y penser », à un « surhomme lui aussi sans défense ». Mais vous comprendrez que je ne puisse user de ce prénom ; vous n'avez pas trouvé le droit de pardonner à un SS, je ne m'octroie pas celui de m'attendrir sur cette innocente jeunesse pervertie par le nazisme.

« Je me demande pourquoi, en tant que Juif, je dois écouter la confession d'un soldat mourant. S'il a tout à coup retrouvé sa foi de chrétien, il n'a qu'à

demander un prêtre. Il l'aidera peut-être à mourir.
Mais dans un hôpital de la SS, est-ce qu'il y a des
prêtres ? Sans doute pas – simplement un Juif. » Il
se trouve que les membres du peuple prêtre devaient
justement expier, et jusqu'au dernier, le fait qu'ils
témoignaient, d'âge en âge, du Dieu unique et de
l'interdiction de tuer ; et il faudrait que l'un d'entre
eux, par-dessus le marché, pardonne en quelque sorte
comme un prêtre le fait au nom du Père, du Fils et
du Saint-Esprit ! Cet engagé volontaire dans la SS
connaît, parce que élevé dans le catholicisme, le pouvoir de la confession, à savoir cette libération par
l'aveu et le repentir, qui appelle la grâce de la rémis-
sion. Il veut mourir en règle avec lui-même et avec
Dieu, se faire absoudre de la faute dont il a « chargé
sa conscience ». Pourtant, en ces temps et en ces lieux
a été commis, en nombre immense et pourtant cal-
culable de fois, le crime pour l'absolution duquel
l'Eglise elle-même et son sacrement de pénitence ne
peuvent rien. Six millions de fois, en dépit de la
promesse faite à Pierre, ce qu'il aurait lié sur la terre
aurait été délié dans les cieux : culpabilité originelle
ou faiblesse congénitale d'un christianisme qui n'a
rien su empêcher et qui ne peut rien absoudre. Dans
la chambre mortuaire de Lemberg, ce n'est pas seulement en l'absence d'un prêtre qu'aucune formule
sacramentelle n'est disponible, qu'aucun *Ego te
absolvo* ne peut faire événement. C'est parce que,
pour le meurtre d'un homme, comme le rappelle

Maïmonide, aucun sacrifice d'expiation n'est possible.

Cependant, il ne me semble pas qu'en dernier recours la vérité de cette histoire doive être accaparée par l'économie de la faute et de la rédemption ; elle réside seulement dans le dur désir de durer. « Voilà un homme qui gît là [...] et qui veut mourir en paix – mais il ne le peut pas parce qu'il a commis un crime abominable, qui ne lui laisse aucun repos. Et à côté de lui un autre homme qui doit mourir – mais qui ne veut pas, parce qu'il entend assister à la fin de ce crime abominable. » Il fallait survivre pour témoigner : ce n'est pas que la pitié manquât, c'est que le pardon aurait privé le « sous-homme » de l'exécration nécessaire pour survivre en vue de raconter. Vivre, pour que la question du droit humain soit posée et que justice soit faite. C'est le sens qu'il convient, me semble-t-il, d'accorder à l'étrange phase, « je ne veux plus être touché par la main de la mort » : la mort n'est pas mon royaume, mais bien la vie, à tout prix, pour nommer nos morts et révéler leurs morts à toute l'humanité.

A l'acmé de la confession, et comme en un « exercice spirituel » inconscient, l'esprit du narrateur s'évade. L'enfant qui prend place alors dans sa pensée n'est pas celui sur lequel le nazi a tiré et duquel il parle. Se le représenter, celui-là, avec son père et sa mère, tous trois et les autres sautant par la fenêtre, en flammes et mitraillés, ce serait en quelque sorte entrer dans la mise en scène du SS, accepter que cet enfant reste dans la mémoire à travers le récit de son assassin. Non, je ne te laisserai pas m'imposer ton petit martyr, je ne ressentirai pas l'émotion que tu escomptes et qui pourrait te profiter, car je t'associerais alors, en tant qu'acteur involontaire et pénitent, à cette scène d'extermination sans reste. C'est pourquoi, pendant que tu me parles, je pense à un autre enfant, à mon enfant juif à moi, qui figure dans une histoire que j'ai vécue et que je me raconte : Eli, au prénom auréolé par l'attente du prophète, Eli, peut-être, qui sait ? le prophète lui-même, « l'un des derniers enfants que je vis dans le ghetto. [...] Les larmes me montèrent aux yeux quand je le vis avec ses toutes petites mains ramasser les miettes destinées aux oiseaux. »

Ce qui s'est passé à Dniepropetrovsk répète ou anticipe les autres massacres qui ont eu lieu lors de la terrible avancée des troupes allemandes, Wehrmacht, d'abord, SS ensuite. Le récit que le jeune SS fait de l'action menée à Dniepropetrovsk vaut pour les chroniques inexistantes au sujet de Bialystok, de Brody, de Grodek. Mais il y a un extrême contraste entre la réalité restituée par la parole du mourant – elle ne fait qu'un avec celle du camp et du ghetto – et le lieu funèbre dans lequel l'infirmière projette le narrateur, et où s'expose une nature morte d'un genre auquel nos lectures sur la Grande Guerre nous ont comme accoutumés : l'énorme pansement souillé de taches d'on ne sait quoi avec ses trois ouvertures pour le nez, la bouche, les oreilles, et rien pour les yeux, car il n'y en a plus. Oui, c'est une sorte de dispositif classique qui donne au récit son trait d'exception : un humain destiné à être exterminé comme de la vermine se voit investi du pouvoir de consoler le blessé mourant d'un combat qui, à peu de chose près, se donnerait pour une guerre où des soldats ennemis se battent, se tuent et se respectent. Un supplément à *La Grande Illusion*, en somme, à Lemberg et après Dniepropetrovsk ! Mais cela, ce n'est que la donne apparente, l'un des décors convenus de la mort militaire, et le tout début du vis-à-vis, quand le narrateur se demande encore si le soldat n'est pas un Juif « de type aryen » ou un demi-Juif qui se serait enrôlé avec de faux papiers et qui voudrait demander pardon à son peuple. Alors qu'il apprend dès les premières paroles qu'il n'en est rien, que le soldat est un SS tout ce qu'il y a de plus canonique.

Donc, au début, l'auteur nous présente ce tableau émouvant, répertorié mais illusoire, des dernières paroles émanant d'un affreux pansement, une scène poignante des temps ordinaires de la guerre. Mais justement, cette guerre n'est pas ordinaire, le SS a tué des enfants, des malades, des vieillards et des femmes, et c'est à tort que l'on croirait assister à l'horrible fin d'un jeune guerrier qui n'a pas eu la chance de mourir à la bataille. Car ce ne sont pas deux mondes qui sont mis en présence, dans le récit de la vie au camp, dans le discours du SS mourant, d'une part, et dans l'impossible entretien, d'autre part, c'est le désastre, la décréation nazie, c'est l'absence de monde qu'elle a produite et, en face, de manière incongrue, une image de Verdun, comme on dit une image d'Epinal. C'est pourquoi le faux gladiateur mourant ne comprendra pas que ce Juif – n'importe lequel –, qu'on a mis à sa disposition pour qu'il l'utilise en vue de mourir en paix, a été rendu tellement différent de lui qu'il ne saurait, malgré quelques mouvements d'une pitié faite d'inertie, lui adresser la moindre parole. D'où l'admirable agencement du monologue de l'un et du soliloque de l'autre : le soldat courageux qui est un immonde SS mourra sans avoir entendu la voix de son visiteur, sans avoir su quels commentaires désespérés, à chaque étape de son aveu, ce « sous-homme » lui dérobait. On dirait que ce *confiteor* abandonné est une répétition monstrueuse de la plainte de Job. Le SS criminel souffre et parle tout seul comme le juste malheureux. Et le Juif qui incarne tout son peuple, mais refuse que cette fonction de représentation au chevet d'un bourreau mourant lui donne un autre droit que celui, non pas de haïr, mais de se taire, ressemblerait à Dieu qui pendant la plainte de Job garde le silence, et qui ensuite ne parle que pour ne pas lui répondre. Cette comparaison risquée n'ayant pour dessein que d'évoquer la structure complexe du récit et de ce qui est, malgré tout, un dialogue.

Cependant, il y a le jeu des mains. Comme si, dans la dépossession totale que sont la proximité de la mort, pour l'un, le deuil intime et l'extermination prochaine, pour l'autre, on ne pouvait compter que sur les mains pour présumer quelque restauration du lien humain. Et c'est au niveau de ce pathétique jeu de mains que le récit m'a semblé le plus difficile à endurer. Le soldat semble épier, voir à travers son pansement les gestes qui sont faits en direction de la lettre et de la mouche, il étreint ces mains, il communie littéralement par ce contact au corps de l'autre absolu qu'est le déporté juif. Ses mains de gisant sont devenues si exsangues, si diaphanes — comme indemnes de toute grenade, de tout fusil-mitrailleur —, qu'on verrait dans leur déréliction comme un visage. Néanmoins, le narrateur finit par refuser sa main, déshonorée par l'animalisation qu'on lui a fait subir, à cette autre main que l'agonie a pétrie de spiritualité. Ce n'est pas tant le silence du héros et narrateur qui me tourmente que le fait qu'il se soit repris sur cette étreinte virile et humaine, qu'il ait, par l'insomnie d'une souffrance par et pour son peuple, anéanti la tendresse spontanée du corps, baiser au lépreux, accompagnement ultime. Mais, encore une fois, suffisait-il de souffrir et de mourir, même jeune, pour redevenir innocent ?

Cette histoire a lieu dans la ville qu'on appelle Lemberg en allemand, Lvov en polonais, en ukrainien et en russe. L'action se déroule d'abord dans le camp de concentration qui se trouve à proximité, puis au cœur de la ville occupée. Dans le camp où sont les Juifs, l'extermination se fait par la faim, le travail, les exécutions, les chiens, les exactions des sadiques. Le narrateur ne verra fonctionner la chambre à gaz que lorsqu'il aura été transféré de Lemberg à Mauthausen. Il se trouve détenu dans un camp de concentration mais, au fond, il n'a presque pas été déporté. Toutes ces horreurs ont lieu sur place et, si l'on ose dire, à domicile. Le camp est près du ghetto, le ghetto est dans la ville où il a fait ses études et où avait lieu, lors des examens, la « fête mobile » qu'était « la journée sans Juifs » des Polonais : on pratiquait le *numerus clausus* au moyen de la bastonnade, de l'égorgement et de la défenestration. Ces rues Grodeska et Sapiehy qui ont été fréquentées par l'auteur dans ses années d'étudiant et de jeune architecte, les détenus juifs les empruntent maintenant pour aller travailler sur des chantiers. Aussi ne peut-il pas ne pas se souvenir des « deux fentes étroites et haineuses » qu'affichaient en guise d'yeux ses condisciples polonais quand ils regardaient les Juifs.

Maintenant que la Pologne est occupée, des passants – les mêmes qu'avant la guerre – s'arrêtent pour dévisager « brutalement » les troupes d'esclaves qui passent, forcés grotesquement à chanter par d'autres esclaves, Russes en uniforme allemand. Certains Polonais voudraient et n'osent pas leur faire signe, cependant que beaucoup de regards indiquent que les sous-hommes sont déjà rayés du nombre des vivants. De toute façon, on s'est habitué au spectacle des Juifs martyrisés : « Ils nous considéraient avec l'attention qu'ils auraient accordée en temps normal à un troupeau de bœufs menés au pré – ou à l'abattoir. » Ou alors ils se tordent de rire, comme devant l'homme pendu sur la potence duquel ils ont affiché « viande kascher ». L'auteur ne songe pas à évoquer le souvenir du panneau mis par les Romains sur la croix, et qui exprimait toute la dérision avec laquelle ceux-ci considéraient l'enseignement et les miracles de Jésus : INRI, *Iesus Nazareth Rex Iudaeorum* ; l'hilarité des catholiques polonais se nourrissait peut-être de ce souvenir rappelé chaque année lors des offices de la Passion ? Avouerais-je que ma plus grande épreuve, à la lecture de ce texte, fut le rappel de l'antisémitisme polonais d'avant-guerre ? Non que je l'aie jamais dénié mais que, précisément, l'étonnante proximité de la ville, du ghetto et du camp rende particulièrement saisissante l'abjecte continuité de l'exécration. Il y a une affreuse fatalité historique et géographique de ce centre de l'Europe et on lit avec désespoir, venant d'une victime-bourreau, le mot qui récapitule l'antisémitisme de cette région : « A l'enterrement du dernier Juif de Lemberg, il en viendra encore mille ! »

Enfin il y a dans ce récit une étrange obsession, celle des tournesols, dont l'évocation revient avec insistance. L'auteur leur accorde une fonction qui était celle de la fève chez les anciens Grecs : faire communiquer le monde des morts et celui des vivants. Il y voit, avec fureur et dépit, la prérogative allemande, le rapport du corps à la bonne terre, après la bonne mort, et la perpétuation de la communauté. Les Juifs, eux, et c'est le moins qu'on puisse dire, n'ont pas droit à la païenne fleur de soleil. Non seulement, il n'y a pas pour eux de *Sonnenblume*, de fleurs qui se tournent vers le soleil, de beaux prolongements de leurs restes, lesquels ne sont que des cadavres anonymes et mêlés, « détritus » mis dans des charniers ou brûlés, mais tout se passe même comme si le soleil se détournait de ces déchets, avant qu'on leur ait pris la vie : ils sont de trop sur la terre. Les tournesols qui couronnent les tombes ont beau chanter la gloire des assassins, c'est plus fort que lui, ce futur mort déjà à demi mort à qui ils sont par essence refusés ne peut s'empêcher d'en avoir absurdement envie. Peut-être le souvenir de Van Gogh. En fin de compte, on peut dire que la modernité étonnante de ce récit s'accorde à l'indépassable passé d'une souffrance infinie et d'un « souviens-toi » qui n'a même plus à se présenter comme un injonction. « Je ne savais pas s'il y avait encore des Juifs », dit le nazi mourant. Oui, il y en a encore et, tant qu'il y aura des Juifs...

ALFRED GROSSER

Il ne s'agit pas, pour moi, de juger l'auteur du récit. J'ai eu la grande chance de ne pas être déporté moi-même, de n'avoir donc pas subi l'extrême souffrance, de n'avoir pas vu périr abominablement d'autres êtres humains. Je ne peux pas savoir comment j'aurais réagi dans la même situation. De même que je n'ai jamais pu me donner une réponse certaine à la question : « Aurais-je parlé sous la torture ? »

Mais j'ai le droit de réfléchir sur les données du récit. Je me sens en accord avec ce qui y est dit à un moment et qui correspond tout à fait à une phrase centrale écrite par Emmanuel Mounier dans l'éditorial du n° 1 d'*Allemagne* (c'était le bulletin d'information de notre comité français d'échanges avec l'Allemagne nouvelle, créé notamment par David Rousset, Vercors, Rémy Roure, Claude Bourdet, Henri Frenay) : « Chacun peut oublier les injures qu'il a reçues ; les épreuves dont il n'a pas reçu les coups ne sont pas à sa disposition. »

Même si le jeune SS voit en lui, en tant que Juif, le représentant de tous les Juifs, le récitant n'a pas à « pardonner ». Mais il lui était loisible de faire preuve de compréhension. Il ne s'agit pas seulement, comme il le dit, de voir « une contrition authentique dans ses paroles ». Il s'agit aussi de l'âge du mourant. La formule employée : « il a commis un crime abominable », ne me semble pas exacte. Je dirais qu'il a *participé* à un crime abominable.

Comparons, car il faut toujours comparer. Il y a une différence entre ce cas et celui des jeunes Alsaciens qui ont participé au massacre d'Oradour : ceux-ci ont sans doute été moins coupables parce qu'ils appartenaient aux Waffen-SS et non aux SS. On ne sait toujours pas suffisamment en France qu'on était affecté aux Waffen-SS comme dans d'autres unités. Il y avait plus d'un million de Waffen-SS à la fin de la guerre. Les « malgré-nous » alsaciens n'étaient pas volontaires. Leurs camarades non plus. En revanche, on devenait SS par choix. Un choix effectué très jeune, comme dans le cas du récit, parce qu'on avait été idéologiquement pris en main et (dé)formé. Et plongé notamment dans l'antisémitisme virulent. Ce n'est pas une excuse, mais une explication. Cette explication m'a paru fondamentale une fois la guerre terminée. Tous ces jeunes déformés, fallait-il considérer qu'ils étaient définitivement perdus ? Nous avons considéré que, sauf crimes personnels punissables par la justice, le clivage introduit par les vainqueurs n'était pas déraisonnable. Etait « jeune » quiconque était né après 1919, c'est-à-dire ayant eu moins de quatorze ans à l'avènement du nazisme.

Le crime du mourant aurait-il mérité une punition telle après la défaite allemande qu'il en eût été définitivement écarté de la société démocratique ? Personnellement, je ne le pense pas. Sinon il me faudrait considérer – au risque de choquer le lecteur – que tout soldat français qui a participé aux massacres de Sétif en 1945 ou de Madagascar en 1947, ou encore aux « corvées de bois » et aux destructions de mechtas pendant la guerre d'Algérie, aurait dû être puni. Et aussi, sinon davantage, les membres de l'Irgoun qui, les 9 et 10 avril 1948, ont participé à l'Oradour qu'a été le massacre de Deir Yassin.

Le mourant était coupable de participation au pire des crimes. L'auteur rejette une partie importante de la responsabilité sur les parents. Distinguons : avec les dénonciations de parents par les enfants, le père risquait le camp s'il allait au-delà de la réprobation muette. Son silence a sans doute été coupable. Suis-je pleinement en droit de le juger ? Sa souffrance morale n'est pas négligeable. Qu'a-t-on reproché en France aux pères des jeunes miliciens tortionnaires et assassins ? La mère du jeune SS de ce récit, elle, n'a rien voulu savoir. Sa faute morale a été présentée dans le plus beau récit que ce problème ait jamais fait naître. Dans *Das Brandopfer* (*La Flamme du sacrifice* dans la traduction française), le pasteur Albrecht

Goes a montré comment la femme d'un boucher s'est laissée mourir parce qu'elle n'avait pas changé ses vues et sa vie le 10 novembre 1938. Au cours de cette « nuit de cristal », son mari, pompier volontaire, était rentré après l'incendie de la synagogue. « Pourquoi n'avez-vous pas pu éteindre le feu ? – On ne nous a pas laissés prendre de l'eau. » Dans le récit qui nous est présenté ici, je ne suis pas certain de trouver bon que le récitant ne cherche pas à rendre la mère du jeune SS un peu plus consciente à l'approche de la mort. Mais je trouve profondément humaine son attitude.

L'essentiel pour moi est un non-dit. Que va penser de l'Allemagne d'après-guerre ce survivant ? Va-t-il commettre le crime intellectuel et moral qui consiste à insinuer l'existence d'une culpabilité collective, et surtout héréditaire ? Ce crime commis par exemple par un philosophe comme Vladimir Jankélévitch. Ou bien va-t-il se demander ce qu'il faut faire pour que, au moins en Allemagne, il n'y ait pas de nouveaux jeunes SS vingt ans après ? Autrement dit, se sentir coresponsable de l'avenir allemand, comme nous l'avons fait dès le nazisme vaincu. Sans aucune modestie, je prétends que nous avons ainsi contribué à faire de la République fédérale une démocratie pluraliste. Le 27 janvier 1995, le président de cette République est venu modestement à l'entrée du camp d'Auschwitz-Birkenau lors de la célébration du cinquantième anniversaire de sa libération. Il a été reçu par Jean Kahn, président du Crif et de la Coordination européenne des associations juives. Depuis lors, le 27 janvier est devenu en Allemagne Journée nationale du souvenir de la Shoah. Voilà qui a été rendu possible par le sens de la coresponsabilité qui a été manifesté en conformité avec le préambule de notre Constitution de 1946, préambule confirmé en 1958 : la victoire a été remportée non sur des nations ou des peuples, mais sur des « régimes qui ont tenté d'asservir et de dégrader la personne humaine ». Lorsque mon ami Joseph Rovan, créateur dès 1945 de la formule « l'Allemagne de nos mérites » est arrivé en déporté au camp de Dachau, il y a trouvé des milliers d'internés allemands...

GEORGES HOURDIN

Soleil et fleurs sur toutes les tombes

Le livre écrit par Simon Wiesenthal éveille en moi bien des souvenirs émouvants et douloureux. Nous avons tous, nous les anciens, été concernés par cette époque difficile. Il nous a fallu nous engager pour répondre aux questions qu'elle nous posait il y a plus d'un demi-siècle. Je vais tenter de faire revivre ces années difficiles.

Le livre met face à face un Allemand de la classe moyenne qui a choisi, au temps où Hitler régnait, d'appartenir aux SS. Il va mourir. Il regrette désespérément d'avoir massacré des civils, membres d'une famille juive. Il voudrait être pardonné par un Juif. Grâce à la complicité d'une infirmière, il demande le pardon à un prisonnier israélite, qui dépend d'un camp de concentration près de l'hôpital où l'hitlérien agonise.

Ainsi sont confrontés deux des acteurs principaux de la Seconde Guerre mondiale : la victime juive et le bourreau nazi. En ce temps-là, j'étais partisan de la guerre contre la barbarie. Aussi, pour répondre à la question du pardon, je ne peux que soulever d'abord celle de la guerre.

La première question à laquelle nous avons dû donner réponse est celle de la légitimité de la guerre. En 1939-1940, alors qu'Hitler avait pris le pouvoir en Allemagne, il affirmait sa volonté de rassembler, par la guerre s'il le fallait, toutes les minorités germaniques : en Autriche, en Pologne, en Tchécoslovaquie, etc.

Il n'était pas seulement un dictateur, il était aussi un assassin. Il prit le pouvoir en 1933, légalement. Il fit massacrer ceux de ses compagnons qui n'étaient pas complètement soumis à ses ordres – c'est la « nuit des longs couteaux ». Il avait comme but politique de faire disparaître, c'est-à-dire de tuer, les Juifs dans toute l'Europe. Il en tua six millions. Il les rendait responsables, avec les communistes, de la perte de la Première Guerre mondiale et du chômage.

L'opinion des démocraties occidentales ne voulait pas, dans sa majorité, une nouvelle guerre. Nous la déclarâmes pourtant, mais sans la faire. Ce furent d'abominables années. A ce double jeu, nous fûmes toujours perdants, parce que nous voulions la paix davantage que la guerre. Hitler viola la neutralité de la Belgique, et emporta la première bataille.

J'étais alors responsable d'un hebdomadaire qui s'appelait *Temps présent*. Il nous fallut prendre position. Je n'hésitai pas. Il fallait faire la guerre et la gagner. Ma rencontre avec Beuve-Méry renforça mes convictions.

Correspondant du journal *Le Temps* à Prague, où il enseignait le droit, il vivait au cœur de l'Europe, et était partisan, lui aussi, de la guerre. Il me dit un jour ceci : « La prochaine guerre va provoquer des millions de morts. On peut refuser de payer de ce prix-là le retour de l'Alsace-Lorraine à la France, dans une Europe devenue inévitablement fédérale. Mais ce qui est en jeu, c'est bien autre chose. C'est de savoir si l'Europe sera ou non hitlérienne, c'est-à-dire raciste, au sens le plus tragique du terme. » Oui, il fallait refuser Hitler, faire la guerre et la gagner, ce qui prit cinq longues années.

Je ne regrette rien de cette guerre au cours de laquelle ma fille aînée a été tuée par les bombardements des Américains, qui ne voulaient pas perdre leurs aviateurs en volant trop bas. Nous avons accompli simplement notre devoir de chrétiens et de démocrates.

La question du pardon, posée par le SS appartenant à la classe moyenne allemande, qui a cru aux folles théories nazies, qui va mourir, qui est ravagé par le remords, qui voudrait qu'un Juif lui pardonne, reste une question ouverte. Dans ces années terribles, il semble que Dieu ait été en congé, comme le dit une vieille femme aux prisonniers juifs. Dans un monde sans Dieu, la miséricorde est confiée aux croyants qui en disposent le moins mal possible.

Je ne suis pas juif. Ce sont les Américains, dont j'étais l'ami, qui ont tué, dans ces années déracinées, pour ne pas risquer la vie de leurs aviateurs, la fille que j'aimais, que j'aime toujours, dont le souvenir me torture sans cesse. Je leur ai pardonné. J'aurais été tenté de pardonner au SS mourant et repentant. M'étant battu contre les responsables d'un racisme insensé, je suis porté à l'indulgence pour quelqu'un qui a été lui aussi sa victime, en un certain sens.

Que les tournesols fleurissent également sur toutes les tombes de ces jeunes gens qui ont été égarés. Que la paix soit rétablie sur la terre. Tels sont les vœux que je formule quotidiennement.

ANITA LASKER-WALLFISCH

Ayant fait partie de la « race des sous-hommes », avec mon expérience d'internement à Auschwitz et Bergen-Belsen pour références, je crois pouvoir dire que Simon Wiesenthal a agi de la seule façon possible pour lui. Il a écouté, mais à contrecœur, la confession du SS. Il a ramassé la lettre de la mère du SS, il a écarté la mouche qui volait autour de la tête du soldat mourant. En bref, il s'est comporté comme une personne civilisée et normale dans une situation qui ne pouvait pas être plus éloignée de la civilisation ni de la normalité.

Un SS demande à être absous par un Juif pour des crimes qui sont encore aujourd'hui incompréhensibles, alors que ce Juif est lui-même prisonnier, alors qu'il est lui-même condamné à mort. Pour moi, l'offense réside, en outre, dans le fait que le SS a demandé un « Juif » – n'importe quel Juif aurait fait l'affaire – pour soulager sa conscience. Comme on demande une tasse de thé. Dans son esprit, les Juifs sont un *Sammelbegriff* – une entité collective –, ce ne sont pas des individus, ce ne sont pas des êtres réellement humains. Un Juif ou six millions, c'est tout comme. On peut les entasser dans une maison par centaines – hommes, femmes, enfants, bébés. Vous prenez un autre Juif pour les arroser d'essence, et vous jetez une allumette dans le tas. Pourquoi pas ? Ce ne sont que des Juifs. Voilà le poison avec lequel ces assassins ont accepté de se laisser endoctriner.

Soutenir qu'il pouvait y avoir un « pardon » pour de tels méga-crimes présupposerait qu'une seule personne avait, en fait, le droit de pardonner au nom des autres.

Cependant, Simon Wiesenthal, un prisonnier à demi mort de faim et un homme condamné lui-même, avec peu d'espoir de réchapper à la « solution finale » – celle qui consistait à débarrasser la terre de tous les Juifs –, n'a pas blâmé ouvertement l'homme en train de mourir. Qu'il se soit senti mal à l'aise de quitter son chevet sans dire un mot montre que, lui, il avait conservé son humanité.

Le SS aurait dû demander un prêtre, pas un Juif.

Simon Wiesenthal a perdu quatre-vingt-neuf membres de sa famille. L'homme qui lui demandait pardon pouvait fort bien avoir assassiné une demi-douzaine des siens. Qui peut le savoir ? Cependant, il a eu l'élégance de ne pas ruiner les illusions de la mère du SS, qui voyait dans son fils modèle un bon chrétien et la progéniture de parents qui désapprouvaient le système. S'il n'avait pas été blessé à mort, peut-être n'aurait-il pas continué à participer au massacre des Juifs ? Se repentait-il ou n'était-il qu'effrayé de rencontrer son Créateur ? Nous ne le saurons jamais.

Je ne crois pas à la culpabilité collective, mais il ne peut y avoir de pardon particulier ou collectif pour quiconque a effectivement pris part aux crimes abominables perpétrés par les nazis.

A mon sens, quitter la pièce silencieusement était, pour le prisonnier, la seule réponse digne.

MATTHIEU RICARD

A mon sens, le mal subi à titre personnel, non seulement on peut toujours le pardonner, mais on *doit* le faire. Quant au pardon du mal fait à autrui, beaucoup y sont réticents, et pourtant il faut l'envisager en termes d'harmonie sociale et de transformation personnelle. La société n'a nul besoin d'une absolution teintée d'indulgence, d'insouciance, ou pire encore, entachée d'une ambiguïté qui confine à l'approbation. Un tel pardon laisse la porte grande ouverte à la répétition des atrocités. La société a besoin de pardonner afin d'éviter que ne se perpétuent la rancune, l'acrimonie et la haine qui vont inévitablement mûrir et se traduire par de nouvelles souffrances. La haine ravage nos esprits et ruine la vie des autres. Pardonner signifie briser le cycle de la haine.

La haine est injustifiable et inacceptable. Un individu, comme une société, peut tomber sous son emprise, mais ce sentiment n'est pas inéluctable et peut disparaître de l'esprit de l'homme : voyez comme une rivière polluée peut retrouver sa pureté initiale, et son eau redevenir potable. Sans la possibilité d'un changement intérieur, l'humanité se trouverait prisonnière de l'enchaînement du mal, du désespoir et des défaites sans fin, qu'elle s'infligerait à elle-même. Un proverbe bouddhiste dit : « Le seul aspect positif du mal réside dans le fait qu'il peut être purifié. » Si l'on se transforme réellement, le pardon qui vous est accordé n'est pas indulgence à l'égard des fautes passées, mais reconnaissance de ce changement. La notion de pardon est intimement liée à l'idée de transformation.

Du point de vue bouddhiste, au tréfonds de l'homme réside la bonté fondamentale, même chez le criminel. On compare souvent cette réalité à un lingot d'or gisant sous des immondices. En enlevant la saleté, on ne la nie pas mais on en dégage l'or pur. Cependant, malgré le pardon, le criminel ne peut espérer échapper aux conséquences de ses actes. Un repentant sincère ne devrait même pas demander le pardon : l'important pour lui est de tout mettre en œuvre pour créer, en toute humilité et de tout son être, un bien équivalent au mal qu'il a commis. Comment peut-on demander pardon sans réparation ?

Lorsqu'on évoque l'idée du pardon, il faut établir une distinction entre punition et vengeance. La société a le devoir de protéger ses membres, mais elle n'a pas le droit de se venger. Tuer est un mal absolu, qu'il s'agisse de meurtre ou d'exécution légale. Punir devrait consister à neutraliser et à empêcher de nuire, ce qui n'implique ni la vengeance ni les représailles. Riposter revient à retourner la haine contre l'agresseur, perpétuer la fureur sous le couvert de la justice. Au contraire, il y a une grande dignité à considérer les criminels sans se laisser submerger par la haine. Répondre au mal par la fureur et la violence est souvent envisagé comme une réaction courageuse, voire héroïque. Mais le vrai courage, c'est ne pas réagir par la haine. En 1998, un couple d'Américains se rendit en Afrique du Sud pour assister au jugement de cinq adolescents qui avaient sauvagement assassiné leur fille dans la rue. Ils regardèrent les meurtriers droit dans les yeux et leur dirent : « Nous ne voulons pas vous faire ce que vous avez fait à notre fille. » De même, le père de l'une des victimes de l'attentat à la bombe d'Oklahoma déclara la veille du verdict : « Je ne veux pas d'un mort de plus. » Il ne s'agissait pas de parents insensibles. Ils avaient parfaitement compris l'inutilité de l'enchaînement de la haine. Ainsi, pardonner n'est pas excuser mais abandonner la soif de vengeance. Celle-ci ne peut réparer le mal commis ni en diminuer l'intensité *a posteriori*. Elle ne fait que provoquer davantage de tourments. Elle conduit à détruire à son tour, à nuire. En fin de compte, tout le monde est perdant. La paix intérieure aussi bien qu'extérieure vole en éclats. Le Dalaï-lama dit souvent que ni lui ni la majorité de son peuple n'éprouvent de haine envers les Chinois. C'est un exemple exceptionnel de pardon individuel et collectif, si l'on sait que l'invasion chinoise au Pays des Neiges et les persécutions ultérieures ont coûté la vie à un million de Tibétains sur les six millions existant.

Le premier pas positif du soldat SS fut de mourir submergé par le remords, douloureusement conscient de l'atrocité des actes qu'il avait commis. Mais il aurait pu faire davantage que se confier à un Juif. Il aurait agi d'une façon plus courageuse et efficace en appelant sur son lit de mort ses camarades SS pour les exhorter à renoncer à leur comportement inhumain.

Simon Wiesenthal, lui, se trouvait dans une situation dramatique, étant lui-même victime de l'un des pires génocides de l'histoire. Il répondit par le silence face à l'ampleur des crimes perpétrés. Il agit avec une remarquable dignité. Toutefois, selon le point de vue bouddhiste, il aurait pu dire au soldat SS à l'agonie : « Maintenant, il ne te reste plus qu'à faire face à tes propres actes et à leurs conséquences. Tout ce que tu peux faire est de souhaiter réparer tes crimes au fil de tes vies futures en faisant autant de bien que tu as fait de mal. »

Pardonner ne signifie pas absoudre : on ne triche pas avec la loi des causes et des conséquences. Une personne responsable d'actes odieux souffrira vie après vie, jusqu'à ce qu'elle en ait épuisé ce potentiel négatif. Un bouddhiste voyant un homme sur le point de mourir comme le soldat SS garde ceci présent à l'esprit : quiconque a porté atteinte à autrui est voué à une souffrance proportionnelle à la gravité de ses actes. Cette conscience fait naître en lui non pas une pitié superficielle, mais une immense compassion pour tous les êtres : car sans se délivrer de la haine et de l'ignorance, les hommes perpétuent le cycle sans fin de la douleur. Contempler l'horreur des massacres doit renforcer cette compassion et l'amour envers tous les êtres, plutôt qu'attiser la haine envers quelques-uns.

L'être humain n'est pas fondamentalement mauvais, mais il peut facilement le devenir. Notre ennemi le plus féroce n'est pas autrui, mais la haine elle-même. L'acceptation tacite du mal est semblable à une graine inerte qui peut à tout moment germer dans l'esprit des hommes jusqu'à donner naissance à une insensibilité totale à la douleur des autres, aveuglement qui mène graduellement à tolérer, encourager et perpétrer massacres et génocides. S'accommoder d'une telle folie meurtrière signifie que l'on a rompu tout lien avec la bonté fondamentale. Ces ruptures se produisent sans cesse. Mais il ne sert à rien de refouler des sentiments de malveillance : il faut aller droit à leur racine et l'arracher. Il n'existe d'autre remède que la prise de conscience personnelle, la transformation intérieure et la persévérance altruiste. Le mal est un état pathologique. Une société malade en proie à une fureur aveugle à l'égard d'une partie de l'humanité n'est qu'un ensemble d'individus aliénés par l'ignorance et la haine. Il ne peut y avoir de désarmement extérieur sans désarmement intérieur. Il faut que le monde change et ce processus commence par soi-même.

RENÉ-SAMUEL SIRAT

Le Seigneur, maître du pardon,
et la créature humaine, témoin de Dieu

> Qui sait ? Peut-être Dieu Se ravisant, révoquera-t-Il
> Son arrêt et se départira-t-Il de Son courroux, pour
> que nous [habitants de Ninive] ne périssions point...
> ... [et Dieu dit à Jonas :] Comment pourrais-Je ne
> pas épargner Ninive, cette mégapole qui renferme
> plus de douze myriades d'êtres humains incapables
> de distinguer leur main droite de leur main gauche
> et des animaux en grand nombre !...
>
> (Jonas III, 9 et IV, 1)

La Bible hébraïque nous présente Jonas comme
un prophète de piètre envergure et d'une dureté
de cœur abominable. Quoi ! Il est témoin d'une spec-
taculaire *teshuva*, d'un retour, d'une conversion
exemplaires, et au lieu de se réjouir d'avoir été – bien

malgré lui, mais qu'importe ! – l'agent de cette repentance, l'homme par qui le miracle est arrivé... s'en afflige au point de demander à Dieu de lui ôter la vie. Et pourquoi ? Parce que, dit-il, « je savais que Tu es un Dieu clément et miséricordieux, plein de longanimité et de bienveillance, prompt à revenir sur les sentences du malheur [1] ».

A cela s'ajoute l'affront suprême ! Les rabbins ont décidé, depuis le temps d'Ezra le Scribe (ve siècle avant l'ère chrétienne), que le livre de Jonas serait lu chaque année le jour du Yom Kippour (Grand Pardon), au moment le plus solennel, à l'heure de l'oblation. Le texte du prophète Elie au Mont Carmel s'imposait beaucoup plus puisqu'il relate la *teshuva* d'Israël : « Tout le peuple [d'Israël] à la vue [de ce miracle] tomba face contre terre et s'écria : le Seigneur est le Vrai Dieu ! Le Seigneur est le Vrai Dieu [2] ! » Pourquoi, donc, cette décision des rabbins ?

Sans doute le peuple des Judéens revenant en terre de Judée pour reconstruire le Temple de Jérusalem après l'édit de Cyrus, roi de Perse [3], est-il partagé. Les Anciens ont été les témoins oculaires de l'horreur de la persécution de Nabuchodonosor [4], de la profanation du temple :

Hélas ! comme elle est assise solitaire, la cité naguère si populeuse ! Elle, si puissante parmi les peuples, ressemble à une veuve ; elle qui était une souveraine parmi

les provinces a été rendue tributaire ! Elle pleure amèrement dans la nuit, les larmes inondent ses joues ;
personne ne la console de tous ceux qui l'aimaient ;
tous ses amis l'ont trahie, se sont changés pour elle en
ennemis.

[...] Le vainqueur a fait main basse sur tous ses trésors ;
elle a vu des peuples pénétrer dans Ton sanctuaire, des
peuples que Tu avais défendu d'admettre dans Ton
assemblée. Tous ses habitants gémissent, demandent
du pain ; ils échangent leurs biens les plus chers contre
des aliments, pour ranimer leur vie. Vois, ô Éternel, et
regarde comme je suis devenue misérable[5]...

Or, soixante-dix ans après, Cyrus appelle les
Judéens à reconstruire Jérusalem. Peut-on pardonner
aux Babyloniens les crimes dont ils se sont rendus
coupables ? Cela ne reviendrait-il pas à déclarer
caduque la prophétie d'Obadia contre Edom, qui
était uniquement coupable d'être resté indifférent au
malheur de son frère Jacob ?

[...] A cause de ta cruauté à l'égard de ton frère Jacob,
tu seras couvert de honte, et ta ruine sera éternelle. Le
jour où tu te postas comme spectateur, alors que les
barbares emmenaient son armée captive, que l'étranger
envahissait ses portes et partageait Jérusalem au sort,
toi aussi tu fus leur semblable et leur complice. Ah !
cesse donc d'être un témoin complaisant du jour de
ton frère, du jour de son malheur, de triompher des
fils de Juda au jour de leur ruine et d'ouvrir aussi

grande ta bouche au jour de la détresse ! Cesse de franchir la porte de Mon peuple au jour du revers ; au jour du revers, ne te repais point, toi aussi, du spectacle de ses maux ; [...] ne fais pas main basse sur ses richesses ! Ne monte pas la garde à l'angle des routes pour achever ses fuyards, pour livrer ses débris au jour de l'angoisse ! Quand approchera le jour du Seigneur pour toutes les nations, tu subiras le sort que tu lui as fait subir, tes œuvres retomberont sur ta tête [6].

En d'autres termes, face aux *shoah* successives, celle de Babylone, de Rome ou d'Auschwitz, peut-on parler de pardon ? L'homme est-il habilité à pardonner ? Grave question ! S'il s'agit uniquement du Pardon de Dieu, bien sûr ! celui-ci est toujours possible, l'exemple de Ninive le montre amplement. Mais s'il est question du pardon que l'on demande aux survivants du malheur d'accorder, eux qui ont vu massacrer tout près d'eux des innocents coupables simplement d'être nés judéens, juifs ? En ont-ils le droit, sur le plan métaphysique, éthique ?

C'est toute la problématique des *Fleurs de soleil*, le texte admirable de Simon Wiesenthal. Bien sûr, l'auteur ne pose pas la question en termes de théologie mais, d'une certaine manière, il s'y réfère constamment.

Si j'osais, je renverserais ici l'enseignement de la Mishna [7] admirablement repris et codifié par Maïmonide [8] : s'agissant des fautes commises par l'homme vis-à-vis de Dieu, il est dit qu'elles sont rédimées durant le jour du Grand Pardon car « en ce jour-là, le Seigneur vous pardonnera, afin de vous purifier de toutes vos fautes ; devant le Seigneur, vous vous purifierez[9] » ; or, en modifiant légèrement la ponctuation de ce passage biblique, les rabbins affirment que Dieu pardonne « les fautes devant Lui », c'est-à-dire celles commises vis-à-vis de Lui, mais qu'il s'interdit d'intervenir dans le domaine des fautes commises vis-à-vis d'autrui. Il appartient au seul offensé, auquel celui qui a des torts à son égard viendra formuler devant témoins ses regrets, de lui pardonner[10].

Mais qu'advient-il lorsque des criminels, Nabuchodonosor, Titus, Hitler, commettent le crime suprême : celui de se prendre pour Dieu ? Dans ce défi absolu lancé par des hommes à leur Créateur, l'homme a-t-il le droit moral, métaphysique, d'intervenir et de formuler le pardon ? Non ! en aucune manière.

Du premier de ces criminels, il est dit :

Le roi Nabuchodonosor fit une statue d'or, haute de soixante coudées et large de six coudées ; il l'érigea dans la plaine de Doura, dans la province de Babylone. Et le roi Nabuchodonosor envoya [des émissaires] pour rassembler les satrapes, les préfets, les gouverneurs, les magistrats, les trésoriers, les légistes, les jurisconsultes et tous les chefs des provinces, pour qu'ils assistassent à l'inauguration de la statue. Et le héraut cria à haute voix : « A vous, nations, peuples et idiomes s'adresse cet ordre : Au moment où vous entendrez le son de la trompette, de la flûte, de la cithare, de la sambuque, du psaltérion, de la cornemuse et de toute espèce d'instruments de musique, vous vous prosternerez pour adorer la statue d'or érigée par le roi Nabuchodonosor. Quiconque s'abstiendra de se prosterner pour adorer sera, sur l'heure même, jeté dans la fournaise ardente » [11]...

Titus, lui, fit ériger un arc de triomphe où l'on voyait des Judéens enchaînés portant le chandelier du Temple de Jérusalem. Il exigea que sa propre statue soit placée sur le Mont du Temple... Le psalmiste avait, par avance, décrit l'horreur de la persécution :

[...] Tes adversaires ont poussé des rugissements dans l'enceinte de Ton lieu de rendez-vous ; [là] ils ont imposé leurs emblèmes comme emblèmes. Ils y ont paru comme des gens qui brandissent la hache en plein fourré ; et puis, à coups de marteaux et de cognées, ils en ont abattu toutes les sculptures à la fois. Ils ont livré aux flammes Ton sanctuaire, jeté à bas et profané la résidence de Ton Nom. Ils ont dit en leur cœur : « Nous allons les dompter tous ! » Ils ont brûlé tous les centres consacrés à Dieu dans le pays [...] [12].

Hitler, quant à lui, fonda le Reich millénaire et s'en retourna vers les dieux de la Walkyrie au son de la musique de Wagner...

C'est à Dieu que ces criminels envers Dieu et les
hommes ont voulu s'attaquer en détruisant le Temple
(le premier, puis le second) et le peuple des Judéens
en appliquant déjà la « solution finale »...

L'insensé a dit en son cœur : « Il n'est point de Dieu ! »
On est corrompu, on commet des actes odieux, personne ne fait le bien. L'Eternel, du haut du ciel, regarde
les hommes, pour voir s'il en est de bien inspirés,
recherchant Dieu. Tous ils ont dévié, ensemble ils sont
pervertis ; personne n'agit bien, pas même un seul.
Eh bien ! Ils s'en ressentiront, tous ces ouvriers d'iniquité, qui dévorent Mon peuple comme on mange du
pain, et n'invoquent point l'Eternel. Dès lors, ils seront
saisis d'épouvante, car Dieu est avec la race des justes.
Pensez-vous confondre les desseins du pauvre, alors que
l'Eternel est son abri[13] ?

Dans ce cas, dans le combat singulier entre
l'insensé et son Créateur, l'homme ne peut intervenir, si ce n'est en tentant de mettre le criminel hors
d'état de nuire. Mais lui pardonner, seul l'offensé –
en l'occurrence, Dieu Lui-même – peut le faire...
C'est à Lui que l'homme doit demander pardon des
crimes commis envers Lui, comme dans cette prière
reprise à chaque office du Grand Pardon :

Dieu clément et miséricordieux, nous avons péché
devant Toi,
aie pitié de nous...

Dispensateur du Pardon, Toi qui sondes les cœurs,
qui dévoiles les mystères, dont la parole est Justice,
Dieu clément et miséricordieux, nous avons péché
devant Toi,
aie pitié de nous [14]...

Et le SS qui se repent ? Peut-on formuler le pardon
et apaiser ses souffrances morales avant qu'il n'entre
en agonie ? Non, hélas ! La meilleure preuve est que
ce n'est pas au Juif singulier, à l'être humain concret,
physique qu'il demande pardon. Mais c'est d'un Juif,
de n'importe quel Juif qu'il attend l'absolution. Il
s'identifie à son Führer et il identifie le Juif présent
devant lui qui lui tient la main au peuple juif tout
entier. Dieu – et Dieu seul est en cause, Lui qui a
élu le peuple descendant des Patriarches – peut seul
pardonner dans ce cas.

Mais le simple Juif, bouleversé par la souffrance
et le remords du mourant, que peut-il faire ? Peut-on
admettre qu'il soit totalement impuissant ? Non ! il
peut seulement exprimer sa compassion – au sens le
plus fort du terme – et, s'il est croyant, prier avec le
mourant et implorer le pardon divin pour le pénitent
sincère.

Prends-moi en pitié, ô Dieu, dans la mesure de Ta
bonté ; selon la grandeur de Ta clémence, efface mes
fautes. Lave-moi à grandes eaux de mon iniquité,
purifie-moi de mon péché.

Car je reconnais mes fautes, et mon péché est sans cesse sous mes regards. Contre Toi seul j'ai failli, j'ai fait ce qui est mal à Tes yeux ; ainsi Tu serais équitable dans Ton arrêt, Tu aurais le droit pour Toi en me condamnant.

Mais, en vérité, j'ai été enfanté dans l'iniquité, *et c'est dans le péché que ma mère m'a conçu*. Or, Toi Tu exiges la vérité dans le secret des cœurs, dans mon for intime Tu m'enseignes la sagesse. [...]

Ô Dieu, crée en moi un cœur pur, et fais renaître dans mon sein un esprit droit. Ne me rejette pas de devant Ta face, ne me retire pas Ta sainte inspiration. [...]

Car Tu ne souhaites pas de sacrifices – je les offrirais volontiers –, Tu ne prends point plaisir aux holocaustes : les sacrifices [agréables] à Dieu, c'est un esprit construit ; un cœur brisé et abattu, ô Dieu, Tu ne le dédaignes point[15]...

Le crime dont il est question au verset 7 est celui de toute la génération des Jeunesses hitlériennes ; le « péché dans lequel sa mère l'a conçu » ne renvoie aucunement au péché originel : en quoi le mourant est-il responsable de la faute d'Eve ? Ezéchiel a là-dessus un jugement définitif : « l'âme pécheresse rendra compte de ses crimes ; le fils ne portera pas les péchés du père[16] »... Le péché est ici celui de la « mère Patrie » qui envoie ses enfants perpétrer l'horreur absolue, le blasphème tragique...

Prier pour demander à Dieu de pardonner au criminel SS, est-ce tolérable ? N'y a-t-il pas là de quoi susciter la révolte du croyant, du survivant qui a vu disparaître sous ses yeux ses proches, qui entend de la bouche même du bourreau le récit de son crime ? Oui ! Il n'est pas facile d'être Juif ! Etre le « peuple témoin [17] » de Dieu exige que l'on fasse l'effort surhumain d'aller jusque-là. Les rabbins, qui ont admis au sein du judaïsme Nebuzaradan, chef des « bouchers » de Sanacherib, auteur des crimes les plus odieux subis par le peuple d'Israël [18] et, par cette conversion sincère, permis la naissance de Rabbi Méir, l'un des plus célèbres docteurs de la Loi, disciple de Rabbi Aquiba, lui aussi fils de prosélyte, sont allés jusque-là...

Je voudrais actualiser en conclusion mon propos dans l'admirable « déclaration de repentance » lue à Drancy par les évêques de France et qui, par son élévation d'esprit, son souffle biblique, jette une ombre sur le document postérieur publié par le Vatican. Dans cette déclaration, il n'est nulle part demandé à la communauté juive de pardonner l'horreur du temps du vichysme et du nazisme triomphants. *Non possumus !* Mais nous sommes les témoins de cette admirable repentance, et nous prions Dieu qu'Il daigne agréer la *teshuva* sincère dont nous fûmes les témoins à Drancy...

Enfin, puisque la métaphore des « fleurs de soleil » est si présente dans ce livre, et qu'elle a donné son nom à l'ouvrage, c'est au prophète Malachie qu'il

convient de laisser le soin de conclure dans la prière,
la pénitence et l'espérance :

> Pour vous, qui révérez Mon Nom, se lèvera un soleil
> de *tsedaka* [justice-charité] portant dans ses rayons la
> guérison...
> Souvenez-vous de la Loi de Moïse, Mon serviteur à
> qui J'ai signifié sur le Horeb des statuts et des ordon-
> nances pour tout Israël...
> Or, je vous enverrai Elie le Prophète qui ramènera le
> cœur des pères à leurs enfants et le cœur des enfants
> à leurs pères [19]...

NOTES

1. Jonas IV, 2-3.
2. I Rois XVIII, 39.
3. Ezra I, 1.
4. II Rois XXV, 6 sq.
5. Lamentations I, 1-6 et 10-11.
6. Obadia I, 10-16.
7. Traité *Yoma*, chap. V.
8. *Code de la pénitence*, chap. II, § 9.
9. Lévitique XVI, 30.
10. *Code de la pénitence*, ibid. Voir l'excellent ouvrage de
Y.D. Soloveitchik, P. Peli éd., rééd. Jérusalem 1975.
11. Daniel III, 1-6.
12. Psaume LXXIV, 4-8.
13. Psaume XIV.
14. Liturgie du Yom Kippour ; prière reprise à chaque office
de cette journée de pénitence et de prières.

15. Psaume LI, 1-19.
16. Ezéchiel XVIII, 20.
17. Isaïe XLIII, 10.
18. II Rois XVIII, 11 sqq.
19. Malachie III, 20-24.

SIMONE VEIL

Imaginaire ou vécu, le récit de Simon Wiesenthal ne peut laisser personne indifférent. Pour ma part, je l'ai lu d'une traite sous le coup d'une forte émotion, mais sans doute très différente de celle de la plupart des lecteurs. Pour quelques années encore, voire une ou deux décennies, une poignée de survivants des camps qui ont vécu dans leur chair, et surtout dans leur âme, la réalité de cette entreprise unique de déshumanisation et d'extermination en conserve une marque plus indélébile que le numéro tatoué dans leur chair.

Il ne s'agit pas de la présence permanente de la mort ni des souffrances, mais d'avoir vécu et survécu dans cette zone trouble où chaque individu est à tout moment susceptible de basculer hors de l'humanité et parfois y succomber. Aucun d'entre nous n'est revenu indemne. Les Primo Levi, Bettelheim ou Antelme n'ont cessé d'analyser « ce qui reste d'Auschwitz ». Loin de les délivrer de leur cauchemar, cette analyse a conduit les deux premiers au suicide. D'autres, comme Elie Wiesel ou Simon Wiesenthal, œuvrent pour la Mémoire et ne se décourageront jamais, chacun à leur manière, de lutter contre l'oubli.

Tous, qu'ils écrivent, parlent ou se taisent, vivent avec leurs souvenirs plus ou moins enfouis mais, surtout, ils ne sont plus les mêmes. Et, consciemment ou non, c'est à travers le prisme de ce passé qu'ils vivent désormais.

C'est pourquoi, si souvent, nos réactions atypiques sur bien des sujets étonnent. C'est pourquoi aussi tout récit écrit par l'un d'entre nous m'interpelle et me touche si profondément. Il semble bien, au demeurant, qu'au-delà de l'intérêt proclamé pour ces événements tragiques, les anciens déportés soient les lecteurs les plus assidus des ouvrages qui s'y rapportent, et qui ne font guère recette, sauf s'ils empruntent la voie de la fiction. Outre l'évocation de nos souvenirs, aussi pénibles soient-ils, nous y cherchons aussi de nouveaux éléments, qui nous permettraient d'aller plus loin dans notre analyse personnelle afin de mieux appréhender ce qui nous paraît toujours ressortir non seulement du monstrueux mais aussi de l'absurde. Car il n'y avait pas là, sans doute, d'autre logique que celle de la mort. Il suffit de penser aux extravagants périples effectués par les transports de déportés jusqu'aux derniers jours de la guerre, au risque d'entraver le mouvement des troupes allemandes, pour constater combien cette volonté d'extermination était prioritaire.

Le propos de Simon Wiesenthal dans *Les Fleurs de soleil* est fort éloigné de tous ces récits des anciens déportés. Il ne s'agit, en l'espèce, ni des atrocités perpétrées dans les camps ou les ghettos, ni des souffrances endurées par les intéressés, mais du problème de conscience qui lui fut posé pour la demande de pardon d'un jeune SS, à la veille de mourir, pour les exactions qu'il avait commises. Des années après, hanté par son refus de pardonner, il se demande encore s'il a eu tort ou raison et pose la question à ses lecteurs.

Nul doute que, spontanément, le lecteur soit enclin à répondre aussi bien à cette question qu'à celle de savoir ce qu'il aurait dit à la mère du jeune SS rencontrée quelques années plus tard. Le lecteur « ordinaire » l'aura fait d'instinct, selon ses convictions philosophiques ou religieuses, peut-être aussi selon ce qu'il croit qu'il y a lieu de répondre conformément à l'air du temps.

Je ne voudrais surtout pas donner à penser que la question posée par Simon Wiesenthal me paraît artificielle ou me laisse indifférente. Je dirais, au contraire, qu'elle traduit de façon très concrète ce que j'ai précédemment évoqué sur les conséquences affectives et psychologiques liées à la spécificité des camps, à cette « déshumanisation », au sens le plus

fort du terme, provoquée par le système concentra-
tionnaire.

A la privation de nos noms et prénoms, remplacés
par des numéros, et à l'utilisation des mots les plus
méprisants pour nous désigner, s'ajoutaient les dis-
positions prises pour nous réduire à un comportement quasi bestial dans les actes de la vie quoti-
dienne. Dans les pires moments, nous avons parfois
eu peur de perdre ce qui nous restait d'humanité,
cette part de conscience et de dignité qui distingue
l'homme de la bête. Simon Wiesenthal s'est-il lui-
même demandé si, en refusant de donner son pardon
au jeune SS, il n'avait pas franchi cette ligne ?

Pour avoir été confrontés de si près au mal absolu
et avoir eu parfois le sentiment de basculer dans
un « ailleurs » indéfinissable et hors norme, aucun
d'entre nous n'échappe au besoin de se rassurer
auprès des autres. Simon Wiesenthal, peut-être
encore davantage, qui a consacré sa vie à la recherche
des bourreaux pour que justice soit faite, même si la
poursuite des responsables nazis n'était pas chez lui
un désir de vengeance, mais de justice. Les circonstances qu'il relate sont si extraordinaires que je ne
puis me mettre à sa place. Il faudrait d'ailleurs, pour
pouvoir le faire, se retrouver dans une situation similaire à la sienne, éprouvant le même désespoir face
aux atrocités perpétrées contre ses proches et, en
outre, ayant le sentiment d'être, d'une certaine façon,
le porte-parole de ses camarades.

Il m'est arrivé de me demander ce que je ferais si j'avais à témoigner au sujet d'un certain SS, celui qui a fait preuve d'une relative mansuétude dans un kommando où j'ai travaillé pendant quelques mois. Faudrait-il l'accabler ou porter à son crédit le fait qu'il avait manifesté moins de cruauté que la plupart ? Nous avons même eu l'occasion d'en discuter entre anciens de ce kommando lorsque nous nous sommes retrouvés après la Libération. Les opinions étaient partagées.

Quoi qu'il en soit aujourd'hui, après plus de cinquante ans, j'hésite à répondre aux deux questions posées. S'agissant d'un éventuel pardon, je ne puis, par principe, qu'approuver la réponse de Simon Wiesenthal. Personne ne peut juger son attitude. Le contexte du camp, les souffrances et l'angoisse, la haine vis-à-vis des bourreaux le privaient de la liberté de jugement et de la distance nécessaire pour prendre en compte une situation comme celle du jeune soldat. Simon Wiesenthal se sentait-il même libre de donner un pardon pour d'autres que lui-même ? Mais l'eût-il fait, je l'approuverais aussi.

Quant à son attitude à l'égard de la mère, je ne puis que l'admirer de ne pas avoir cédé à la tentation, qui a peut-être été la sienne, de lui révéler la vérité. Cette femme avait déjà subi beaucoup d'épreuves. A quoi bon, par pure cruauté ou vengeance, ajouter des souffrances inutiles à son malheur ?

Aujourd'hui, on philosophe volontiers sur la question de savoir si l'on peut pardonner pour les autres, même s'il s'agit d'un mourant. Un tel pardon peut paraître facile, normal et même gratifiant pour ceux qui ne se sont jamais trouvés dans la situation où nous étions. Pour nous, la mort ne représentait pas grand-chose, après avoir vu nos proches mourir dans des conditions abominables, humiliés, désespérés, ou totalement déshumanisés. Le pire que nous ayons vécu est sans doute d'en être arrivés à souhaiter mourir nous-mêmes, pour échapper à cet enfer, et même à souhaiter voir mourir ceux que nous aimions le plus. C'est pourquoi, à cette limite extrême où nous étions parvenus, il n'est pas exclu de penser que certains auraient pu accorder ce pardon pour se prouver à eux-mêmes qu'ils avaient su conserver un peu d'humanité.

Plus encore que par les questions directement posées, la lecture du livre de Simon Wiesenthal m'a bouleversée parce que, à travers ce conflit de conscience, il évoque d'une part l'horreur et la folie exterminatrice du système, mais aussi l'amitié et l'humanité qui ont su y résister. Ce sont les deux faces des êtres qui ont été mêlés à cette monstrueuse entreprise.

NOTES BIOGRAPHIQUES

SIMON WIESENTHAL

Simon Wiesenthal est né le 31 décembre 1908 en Pologne, à Buczacz (Lemberg en allemand, aujourd'hui Lvov, en Ukraine). En 1928, il postule pour étudier à l'Institut polytechnique de Buczacz. Refusé à cause des quotas sur les Juifs, il entre à l'école technique de Prague où il obtient, quatre ans plus tard, un diplôme d'ingénierie architecturale. L'existence de Simon Wiesenthal, qui s'est marié en 1936, bascule au moment historique où l'Allemagne et l'URSS signent un « Pacte de non-agression », pacte qui établit le partage de la Pologne. L'Armée rouge occupe Lvov, et c'est alors que commence une véritable purge à l'encontre des commerçants juifs. Son beau-père est arrêté par la police secrète soviétique, le NKVD, et meurt en prison ; son demi-frère est assassiné ; Simon Wiesenthal est contraint de fermer son cabinet d'architecture. Il échappe de peu à la déportation en Sibérie.

Après l'arrivée des nazis en 1941, Simon Wiesenthal et sa femme sont emprisonnés dans le camp de concentration de Jan¢wska, puis dans un camp de travaux forcés. En août 1942, sa mère est envoyée dans le camp de la mort de Belzec.

Fin septembre de cette année, quatre-vingt-neuf membres de leur famille ont péri.

Grâce à la résistance polonaise qui lui fournit de faux papiers, la femme de Simon Wiesenthal est libérée à l'automne 1942. Wiesenthal, quant à lui, s'évade du camp en octobre 1943, juste avant que les Allemands entreprennent la liquidation totale des prisonniers. Mais il est repris et renvoyé à Jan¢wska en juin 1944 où il aurait été exterminé sans l'arrivée imminente de l'Armée rouge. Il fait partie de la longue marche de déportés vers l'ouest qui passe par Plaszow, Gross-Rosen, Buchenwald pour aboutir à Mauthausen. Il est libéré le 5 mai 1945 par l'armée américaine.

Dès la fin de la guerre, Simon Wiesenthal commence à rassembler et à préparer des preuves sur les atrocités nazies pour l'armée américaine. En 1947, il fonde le Centre de documentation historique juif à Linz en Autriche qui fermera en 1954. Tous les dossiers sont transférés aux Archives de Yad Vashem en Israël, à l'exception de celui d'Adolf Eichmann. Wiesenthal ne cesse de traquer ce responsable de l'application de la « solution finale », jusqu'à ce qu'il soit arrêté par des agents israéliens en Argentine – il sera jugé puis exécuté le 31 mai 1961. Encouragé par la capture d'Eichmann, Wiesenthal rouvre le Centre, cette fois à Vienne, et reprend sa chasse aux criminels de guerre. Il permettra ainsi l'arrestation de Karl Silberbauer, l'officier de la Gestapo qui arrêta Anne Frank, et de Fritz Stangl, le commandant des camps de concentration de Treblinka et Sobibor.

En 1967, il publie un livre de mémoires, *Les assassins sont parmi nous*. Trois ans auparavant, Simon Wiesenthal avait expliqué dans un entretien au *New York Times Magazine* les motivations qui l'avaient poussé à devenir un « chasseur de nazis ».

Après un dîner avec un ancien déporté, celui-ci lui demanda : « Simon, si tu étais revenu pour construire des maisons, tu serais millionnaire. Pourquoi ne pas l'avoir fait ? – Tu es croyant, répondit Wiesenthal, tu crois en Dieu et à la vie après la mort. Moi aussi. Quand nous arriverons dans l'autre monde et que nous rencontrerons les millions de Juifs qui sont morts dans les camps et qu'ils nous demanderont : "Qu'avez-vous fait ?", il y aura beaucoup de réponses. Tu diras que tu es devenu un bijoutier, un autre dira qu'il a fait de la contrebande de café et de cigarettes américaines, un autre encore dira qu'il a construit des maisons. Mais moi, je dirai : "Je ne vous ai pas oubliés." »

En 1977, est fondé le Centre Simon Wiesenthal à Los Angeles. Aujourd'hui, avec son musée de la Tolérance, ses 400 000 membres et ses bureaux partout dans le monde, le Centre Simon Wiesenthal continue le combat pour la mémoire de l'Holocauste, la défense des droits de l'homme et du peuple juif.

OLIVIER ABEL

Né en 1953, Olivier Abel est professeur de philosophie et d'éthique à la faculté protestante de théologie de Paris. Il est également président de la commission d'éthique de la Fédération protestante de France et membre du Conseil national du sida. Collaborateur de l'Institut des hautes études sur la justice et des revues *Esprit* et *Autrement*, il a dirigé le numéro sur *Le Pardon* (Autrement, 1991), et a publié, entre autres, *De l'amour des ennemis et autre méditations sur la guerre et la politique* (Albin Michel, 2002).

LYTTA BASSET

Titulaire d'une maîtrise en philosophie et d'un doctorat en théologie, Lytta Basset est professeur de théologie à l'université de Lausanne, et pasteure dans l'église protestante de Genève. Chez Labor et Fides, elle est l'auteur du *Pardon originel* (1994) – réécrit pour une version au format de poche en deux volumes, *Guérir du malheur* et *Le Pouvoir de pardonner* (Albin Michel, 1999) – et de *La Joie imprenable* (1996 ; rééd. en poche chez Albin Michel, 2004). En coédition chez Labor et Fides et Albin Michel, elle a publié « *Moi, je ne juge personne* ». *L'Evangile au-delà de la morale* (1998 ; rééd. en poche, 2003).

CHRISTIAN DELORME

Prêtre catholique du diocèse de Lyon, Christian Delorme est l'une des figures majeures du dialogue islamo-chrétien en France. Il est également membre du Haut Conseil à l'intégration. Il a publié *Nous avons tant de choses à nous dire* en collaboration avec Rachid Benzine (Albin Michel, 1997 ; rééd. en poche, 1998), *Banlieues de Dieu* en collaboration avec Luc Balbont et Rachid Benzine (Bayard, 1998) et *Prier quinze jours avec Martin Luther King* (Nouvelle Cité, 1998).

JACQUES DUQUESNE

Romancier et journaliste, Jacques Duquesne est aussi un homme de foi, auteur d'ouvrages renommés sur les catholiques français et sur le christianisme contemporain. Il est également président du comité de surveillance de *L'Express*. Il a publié, notamment, *Dieu expliqué à mes petits-enfants* (Seuil, 1999), *Le Bonheur en 36 vertus* (Albin Michel, 1998), *Le Dieu de Jésus* (Grasset/DDB, 1997), *Jésus* (Flammarion/DDB, 1994).

XAVIER EMMANUELLI

Le docteur Xavier Emmanuelli est l'un des fondateurs de « Médecins sans frontières ». Il a travaillé à la prison de Fleury-Mérogis et fut à l'origine de la création du « Samu social » à Paris. Après avoir été secrétaire d'Etat à l'Action humanitaire d'urgence de 1995 à 1997, il exerce de nouveau en tant que médecin, à l'hôpital Esquirol, et continue à travailler au Samu social dans l'objectif de l'internationaliser. Il est l'auteur, entre autres, de *Dernier avis avant la fin du monde* (Albin Michel, 1994 ; rééd. en poche, 1999), *J'attends Quelqu'un* (Arléa, 1995, Albin Michel, 1996), et *Célébration de la pauvreté* (Albin Michel, 2000).

ELISABETH DE FONTENAY

Elisabeth de Fontenay enseigne la philosophie à l'université de Paris I (Panthéon-Sorbonne). Elle est l'auteur, entre autres, de *Figures juives de Marx* (Galilée, 1973), *Diderot ou le matérialisme enchanté* (Grasset, 1981) et *Le Silence des bêtes* (Fayard, 1998). Collaboratrice de la revue *Autrement*, elle a contribué aux ouvrages sur *La Responsabilité* (1994) et *L'Admiration* (1999).

ALFRED GROSSER

Historien, spécialiste reconnu de l'Allemagne, professeur émérite à l'Institut d'études politiques de Paris, Alfred Grosser publie ses commentaires politiques dans *Le Monde* et *La Croix*. En 1975, l'Union des éditeurs et des libraires allemands lui a décerné son prix de la Paix « comme médiateur entre Français et Allemands, incroyants et croyants, Européens et hommes d'autres continents ». Parmi les ouvrages qu'il a publiés, citons *Les Identités difficiles* (Presses de Sciences-Po, 1996), *Allemagne* (Flammarion, coll. « Dominos », 1994), *Le Crime et la Mémoire* (Flammarion, 1991).

GEORGES HOURDIN

Fondateur de *La Vie catholique illustrée* en 1945, Georges Hourdin est l'auteur d'une trentaine d'ouvrages dans les domaines de la littérature, de la politique, du religieux et du témoignage personnel. Il a publié, entre autres, *Dieu en liberté* (Stock, 1973), *Simone Veil* (La Découverte, 1988), *Le Vieil homme et l'Eglise* (DDB, 1998). Il est décédé le 29 juin 1999, à l'âge de cent ans, quelques jours après avoir envoyé sa contribution au présent volume.

ANITA LASKER-WALLFISCH

Anita Lasker-Wallfisch est née en 1925 à Breslau, en Allemagne (aujourd'hui Nroclaw en Pologne). Arrêtée avec sa sœur en 1942, après la déportation de ses parents, elle a connu la prison puis les camps, ceux d'Auschwitz et de Bergen-Belsen. Sauvée par son talent de musicienne, lequel lui permit d'être intégrée par la nièce de Gustav Mahler à l'orchestre du camp d'Auschwitz, elle a émigré après guerre en Angleterre, où elle fut l'un des membres fondateurs de l'English Chamber Orchestra, en 1949. Témoin au procès de Lüneburg en 1945 où ont été jugés ses bourreaux, Anita Lasker-Wallfisch a raconté ces années de cauchemar dans *La Vérité en héritage. La violoncelliste d'Auschwitz* (Albin Michel, 1999).

MATTHIEU RICARD

Matthieu Ricard est né en 1946. Après un doctorat en génétique cellulaire sous la direction du prix Nobel François

Jacob, il s'installe en 1972 dans l'Himalaya pour se consacrer au bouddhisme tibétain et devenir moine. Interprète du Dalaï-lama, il a traduit de nombreux ouvrages sur le bouddhisme. Il a publié, notamment, *Le Moine et le Philosophe* avec son père Jean-François Revel (NiL Editions, 1997), *Shabkar. Autobiographie d'un yogi tibétain* en deux tomes, et *Moines danseurs du Tibet* (Albin Michel, 1998 et 1999).

RENÉ-SAMUEL SIRAT

René-Samuel Sirat est une personnalité déterminante du judaïsme contemporain et de la communauté juive de France, dont il fut le Grand Rabbin de 1981 à 1988. Président de l'Académie Hillel et de l'Institut universitaire européen Rachi de Troyes, il a publié un ouvrage d'entretiens avec Emmanuel Hirsch, *La Joie austère* (Cerf, 1990), et est également l'auteur de *La Tendresse de Dieu* (NiL Editions, 1996).

SIMONE VEIL

Née Jacob, en 1927, Simone Veil fut déportée avec sa mère et l'une de ses sœurs à Auschwitz en 1944. Sa mère mourra au camp de Bergen-Belsen. Son père et son frère, également déportés en 1944, ont disparu dans un camp ou une prison en Lituanie. Une autre de ses sœurs a été déportée à Ravensbrück. Depuis vingt-cinq ans, Simone Veil mène une brillante carrière politique : ministre de la Santé et des Affaires sociales en 1974 ; première présidente du Parlement européen en 1979 ; ministre d'Etat des Affaires sociales, de la Santé et de la Ville en 1993.

TABLE

Composition I.G.S.-Charente Photogravure
et impression Bussière Camedan Imprimeries
en mars 2004.
N° d'édition : 22415. – N° d'impression : 041067/1.
Dépôt légal : avril 2004.
Imprimé en France.